改变世界的
创业者

如何用互联网金融实现从0到1
分享白手起家的创业经验

CLAY WATER
BRI CK

Finding Inspiration from
Entrepreneurs Who Do
the Most with the Least

杰西卡·杰克利◎著　　付宁◎译

中信出版集团 · CHINACITICPRESS · 北京

图书在版编目（CIP）数据

改变世界的创业者/（美）杰克利著；付宁译. --
北京：中信出版社，2016.10
　书名原文：Clay Water Brick
　ISBN 978-7-5086-6459-0

　Ⅰ.①改… Ⅱ.①杰… ②付… Ⅲ.①创业－经验－
世界 Ⅳ.① F249.1

　中国版本图书馆 CIP 数据核字〔2016〕第 162091 号

改变世界的创业者

著　　者：[美]杰西卡·杰克利
译　　者：付　宁
策划推广：中信出版社（China CITIC Press）
出版发行：中信出版集团股份有限公司
　　　　　（北京市朝阳区惠新东街甲 4 号富盛大厦 2 座　邮编　100029）
　　　　　（CITIC Publishing Group）
承 印 者：北京诚信伟业印刷有限公司
开　　本：880mm×1230mm　1/32　　印　张：7.5　　字　数：111 千字
版　　次：2016 年 10 月第 1 版　　印　次：2016 年 10 月第 1 次印刷
京权图字：01-2012-3819　　　　　　广告经营许可证：京朝工商广字第 8087 号
书　　号：ISBN 978-7-5086-6459-0
定　　价：45.00 元

送给我的第一批投资者，妈妈和爸爸；
送给我人生的伴侣，雷扎；
送给我们最成功的投资人——塞勒斯、贾斯帕和第三个孩子。
我爱你们。

作者寄语

　　这本书中每一个创业者的故事都来自我的记忆、笔记和研究。有些人是我多年前认识的，我都记不清一些人的名或者姓了。我也无法再去和那些创业者核对谈话中出现的不妥之处了（通常会有翻译在现场协助采访）。有一些例子里，出于对创业者隐私的尊重，我没有使用他们的真名而且改动了一些细节。

　　多年来我一直非常希望能够以一种坦诚、真实、透明的方式和大家分享这些创业者的故事。这种精神激发了 Kiva（非营利性众筹平台）的诞生并且反映了我的信念。我认为要像人们讲自己的故事那样来讲述他人的故事是每个人的责任。这就是我写这本书的目的。

目　录

乌干达东部

2004 年

　　帕特里克小时候住在乌干达的北部，他的大部分家人都在叛乱武装的袭击中丧生了。他和弟弟逃离家乡，来到南方，不知道该在何处安身。经过几周的跋涉，他们在乌干达和肯尼亚边境附近的村子里遇到了几个远房表哥，便在那里定居下来。他们想尽可能地和亲人在一起，也顾不上什么远亲近亲了。

　　帕特里克和弟弟没有住处，没有食物，没有钱，甚至连鞋都没有。身为少年孤儿，他们没有受过教育，无家可归而且经常挨饿。

　　帕特里克虽然流离失所，但这种痛苦

并没有打败他。他从不把自己当作受害者而自怨自艾。其实，很多人在生活中遭受太多的不公和打击之后，往往不敢重新开始奋斗。帕特里克如果因为自己现在一无所有的生活状况，就认为自己永远都一事无成也毫不奇怪。

但是，一天早上，帕特里克做了一个简单的决定，从此一切都改变了。

那天早晨，帕特里克倚着睡觉的土床坐在地上，看着太阳升起。每天早晨，他都得为一天的吃食发愁。他的手放在温暖干燥的土地上。当他把目光从天空移开时，他盯住自己放在地上的手。一个念头在帕特里克的脑海里浮现，于是他挽起袖子，开始挖土。

他用一块厚厚的短木板和一些废旧金属下脚料挖土。在挖土时他发现铁锈色的土比其他的土更硬，黏土含量也更高。他试着用水和泥，发现一旦硬度合适黏土就会成型。他开始慢慢地手工制作砖块。

帕特里克第一次尝试的结果令人失望。他做出来的砖样子很丑而且易碎。但他坚持了下来。不久，有些成品砖就能够以很低的价格售出了。

接下来的几个星期，帕特里克用存下来的钱买了木制的砖模。他用模具制成的砖和他的第一批砖比起来更平滑也更成型，砖的质量要好得多。因此，他卖出了更多的砖。

帕特里克最初只能在太阳底下晒一晒砖块，但他知道，如果用火烧砖的话，砖的质量会更好。于是他攒钱买了火柴，搜集生火的柴火，并且用自制的砖头围成一个砖窑。帕特里克用砖窑烧出来的砖销路就更好了。

后来，帕特里克买了一把铁锹和铲子来代替他自制的工具。然后，他买了木炭代替柴火。不久，他的活儿多起来，他也有充足的资金雇了弟弟来给他干活。随之，他雇了一位邻居，后来又多雇了一位邻居。我在 2004 年春天见到帕特里克时，他事业兴隆，雇了好几个人，并且用自己烧制的砖块建了一座新房子。

帕特里克开始挖土的那一刻就是他为自己创造新生活的一刻。帕特里克从脚下的泥土里发现了别人没有看到的机会。尽管一无所有，但是他发掘了自己的潜力。从把泥土变成砖的那一刻起，帕特里克就成了一个创业者，开始打造自己的未来。

追求

2005 年，我参与创办了世界上第一个个人小额贷款平台——Kiva。通过 Kiva，个人可以贷款给世界各地那些需要资金来创业或发展微型企业的人，贷款数额一次最少可以是 25 美元。自成立以来，Kiva 支持世界各地的创业行为，已经促成超过 6 亿美元的贷款，帮助千百万人摆脱了贫困。这些贷款联系着遍布世界各国的贷款人和借款人。

从 Kiva 开始，我陆续创办了其他公司，如 ProFounder 公司（美国营利性众筹投资公司之一），主要帮助创业者从他们的朋友、家庭和社会关系中募集创业启动资金或小型商业活动所需资金。我也曾担任过协同基金的投资者，协同基金是种子阶段风险投资基金，主要投资具有创新意识并且支持具有合作消费理念的企业家。我们支持的这些公司正从所有权为基础的经济形式转向共享型经济。此外，我每年都在世界各地的大学、企业、会议上和成千上万的人或团体谈创业。在过去的15年里，创业一直是我的工作重心。

好笑的是，我以前对创业并不感兴趣，或者更准确地说，我不感兴趣的是我自己所理解的创业。我不理解为什么创业者对一些东西念念不忘。例如，我没有迫切的愿望自己来创业；我相信我可以在现有的组织或公共部门以领导的身份提供更好的服务。我不想去挣大把的钱，我更想帮助那些愿意往外捐钱的人们。我的职业偶像是那些不以营利为目的的公司总裁，我更关注和平队志愿者，因为他们把大量的时间用在边远地区，或许只是服务于一个小村庄。

另外，处于启动阶段的创业者似乎大多是男性，他们专注于高科技，他们为特权阶层解决问题，而我认为这些特权阶层很难被归入急需解决的重要问题之列。我对这类创业者不感兴趣，跟他们没有任何关联。不管怎样，有些创业问题是我所没有涉及的。我不知道怎样获得风险资本，怎样利用前沿信息和研究做进一步的大举动，怎样寻求一位名师的庇护，怎样获得官方机构的支持，而这些对于成功企业家来说都是至关重要的。

大学毕业后，我搬到了全球创业圣地之———硅谷，并且开始在斯坦福商学院工作。突然间，我被形形色色的创业理念包围。在这样的环境中，我抛弃了自己的旧观念。我不再认为创业就是挣钱，做生意，解决琐碎的"问题"等，我对创业有了新的理解。

例如，我发现有各种各样的处于启动阶段的企业：或以营利为目标，或以实现追求为目标，或者以其他的什么为目标。我还发现创业者创业的动机各不相同。在斯坦福商学院人们讨论最多的话题不仅包括经济上的成功还包括社会变革和社会影响。

我开始意识到创业将成为改变世界的一股强大的力量。我平生第一次感受到创业的魅力并且为之吸引。我想，也许创业可能会与我的生活有某种联系。

也许更重要的是，我发现周围的一些社会企业家也在考虑解决我想解决的问题，他们的策略都经过深思熟虑，具有战略意义并且非常有效。我在斯坦福商学院认识的学生、教授、同事和其他许多人对我发出挑战，激励我去探求自己最关注的创业方式问题。我决定要走自己的路。

2004 年春天，我和生活在贫困中的东非人一起工作，这些东非人自己创业，克服困难，创造更美好的生活。我在肯尼亚、乌干达和坦桑尼亚花了三个半月采访那些与硅谷不同的创业者。我遇到是农民、渔民、木炭卖家、人力车夫、编织篮子的人、店主、牧羊人、裁缝等，他们都是勤劳肯干的人，尽管他们的生活处于赤贫状态，但是他们建立的微型企业为他们的家庭带来持续性的收入。他们就像那个制砖工人帕特里克一样迅速成为我心目中的英雄。

这些创业者在难以想象的艰苦环境中开办企业。然而，尽管条件恶劣，他们创造机会，把握机会，努力为自己和家人改善生活。大部分企业足以支撑他们自己的家用，还有的企业不仅能做到这点，还能够在社区创造就业机会，激励他人进步，促成社区中其他更多人的成长。以前我认为企业要向前发展必须获得一定的资源或优势，但东非的创业者们在没有任何资源和优势的情况下却做出很大的成就。

我刚刚到达东非时对创业的并不感兴趣，但那里的人激发了我关于创业的想法并使其发扬光大。他们促成了 Kiva 的诞生。他们成为我每天的生活动机。其实，我从像帕特里克那样的人身上学到很多东西，并且还会一直学习下去，他们对我的创业理念产生的影响比任何事情都大。

他们诠释了我最喜欢的关于创业的定义，正如哈佛商学院教授霍华德·史蒂文森所说："创业精神是追求机会，而不考虑控制当前的资源。"换句话说，创业精神就是在没有资金、认可、家世或者其他帮助的情况下追求机会的能力。史蒂文森强调追求而不是拥有。在我看来，他的定义暗示了这个道理：创业精神的核心不是我们拥有什么，而是我们在做什么。

在我听说帕特里克这样的故事之前我以为自己了解创业精神的真髓，其实我不了解。即使是和硅谷那些在某个车库里开始创业的弱势企业相比，东非这些企业的资源也少得可怜，只有当我亲眼看到东非创业者苦苦挣扎的这种困难情形，我才真正理解了这个概念。我曾遇到过一个活生生的例子：一个住泥棚屋的人也能创业。我甚至认识一个小学都没有毕业却开办了一家小企业，并且生活因此有了保障的人。我遇到过很多这样的人：他们缺乏经验，没有专业知识，没权没势，缺少资金和人气，不被人认可，但他们已经成功地以自己的方式成为真正的创业者。就像帕特里克，我刚认识他时，他只有脚下的泥土，但他依然采取行动，从一块块的红砖起家做成自己的生意。

我相信伟大的创业者的共同之处在于：他们做出一系列的选

择，不管缺少什么或者进行什么样的斗争，他们都日复一日地向前进。

正是认识到这些，我自己也开始拓展一个新的领域。我真的相信，尽管我有缺点和不足，也可能会遇到各种困难，但只要我努力，并且坚持下去，也许我就能成为一个创业者。

需要明确的是，我认为消除贫困不能仅仅依靠愿望和态度的转变。我相信，虽然任何人都愿意生活得更有希望，更乐观，更有创业精神，但是只有将这种愿望和创业行动结合起来才能真正改善自己的人生。无论是因为生活所迫还是基于基本人权，我们都要过上美好的生活。我相信，创业的道路是通向任何人和任何地方的。

我这本书不只是写给那些自称是创业者的人，也不只是写给那些想要开始白手起家的人。这本书是写给那些想要得到启发，敢于直面挑战，朝着自己的梦想前进的人。这本书也写给那些和世界上最伟大的创业者一样每天都生活在活力、创造力和激情中的人。这本书还写给那些乐在生活和工作中发现机会、寻求生路的人们。

在过去的 15 年中，我在世界各地会晤了数百名企业家并且很享受这种乐趣。在下文中，我要分享我的创业之旅，同时也讲述许多像养鸡的农民、小商店店主、理发师和牧羊人这样一些鼓舞人心的创业者的故事。我一遍遍地回味他们的故事，这些故事提醒我，在发展途中的困难无论是来自外界还是内心，我相信我都可以克服。这些故事提醒我，我个人的缺点和不足或者是曾经的失败，都不能阻止我前进。这些故事提醒我，即使是感觉自己哪件事没做好，感觉自己懂得不多，或者说就是觉得自己不够好，也要坚持追寻梦想。这些故事提醒我，最伟大的创业者，他们的成功不在于他们拥有什么，而在于他们决心做什么。

　　需要明确的是，其中一些故事是巨大的商业成功，确实有人发家致富了。而有些故事则比较特殊，那些创业者教会我很多重要的东西，例如，如何发现意想不到的机会，如何激励别人，如何建立自信。我之所以分享这些故事，原因很简单：激励你去创业。我相信这个世界上的每一个人，特别是读过这本书的人，都具有巨大的创业潜能，正是这些潜能让我们生活得更有希望、更有创造性并且更加积极。

第一章

敢于质疑

穷人与我们

我们主日学校的老师每周都给我们读《福音圣经》，给我们讲耶稣的故事：他的言行，出现的各种奇迹以及如何过上好生活。我盘腿坐在一块方形地毯上，专心听讲，身下是一片片的油毡瓦。在老师身后的墙上贴着一张图表，上面是到课学生的名单，每个名字旁边都有一些黄色的星星。做一件好事就会得到一颗星星作为奖励（最近一颗星星是奖励我背诵《诗篇》第二十三篇），我盯着自己名字旁边的星星，一遍又一遍地数它们的个数，和名单上其他孩子的星星的个数做比较。我觉得这些星星就是我的啦啦队，它们长着尖尖的两条腿，尖尖的头和两只尖尖的张开的双臂。5岁半的我，在那时一心要强，要做个好女儿、好姐姐和好学生，想做好一切。

那个星期天，老师讲的是贫困。她解释说，生活在贫困中的人没有生活所需的最基本的东西，像食物、衣服或者住所。她告诉我们，耶稣爱穷人，并希望其他人也爱穷人。老师漫无目的地给我们读《圣经》，一个故事接着一个故事地讲。有个故事讲的是一个寡妇把她最后的硬币捐给教堂；有个故事讲的是一个撒马利亚人帮助路边的病人；还有一个是讲的是有人往耶稣的脚上浇香水。有些故事我听懂了，有些故事则听不懂。

我有一本精装儿童版《圣经》，书的字体超大，插图是彩色的。当时这本书是我拥有的最大的书，因此我感觉这是自己最重要的一本书。我仔细地翻看着卡通插图，留意到主日学校老师讲的那些人：穷人。在一些场景中，他们脸色苍白，面容憔悴，跪在地上，手臂伸向阳光明媚的天堂求助。在有些场景中，他们光着脚，浑身上下肮脏不堪，衣衫破烂。他们大声喊疼，身上青一块紫一块，有的人因为麻风病而皮肤发白；人们痛苦地哭喊着，缠在眼上、胸部、头部或手上的绷带渗出红点；躺在担架上的人则吐得不成人形，濒于死亡。

正当我盯着图片看时，主日学校的老师念了耶稣的一句话："你做的一切都是为我做的。"

她的话让我抬起头来。

当时我一门心思要做好事情，要证明自己比父母和老师都强。我觉得自己可以拯救宇宙！扶贫是帮助神本人。我觉得我拿到了世界上最大的家庭作业。我要行使这个权利。我想要更多的星星。

我的脑子里快速闪过各种问题：这些可怜的人在哪里？我应该怎样帮助他们？上帝怎么能知道我做得有多好？我妈妈说过，圣诞节期间，商场里的那些圣诞老人会把我想要的圣诞节礼物告诉住在北极的真正的圣诞老人，如果我把我的东西给了这些穷人，他们中会有人像商场里的那些圣诞老人一样去向上帝报告吗？如果我把自己不喜欢的东西比如从来不用的彩色蜡笔或者抹了点花生酱和果酱的半个三明治送给他们，或者我自己喜欢的东西就不送给他们，我会受罚吗？很显然，上帝无处不在而且善于乔装，就像耶稣那样，也许每一个贫穷的人实际上就是上帝自己。

就在我浮想联翩的时候，主日老师讲的耶稣的一番话突然打断了我。她轻描淡写地说，耶稣承诺，"穷人永远与我们同在"。

我的心揪了起来。当我完全理解了老师的意思之后，我感到很困惑，也很生气，甚至有些害怕。为什么上帝要让穷人一直穷下去？上帝不是按照自己的意愿创造世界的吗？对于我来说，这意味着什么？我想帮助穷人的计划是不是注定不能成功？难道耶稣就是想让我失败吗？

我的脑子里出现了一个可怕的场景。我看到穷人一个挨着一个地在我面前排着长队，每一个人都想要我的东西。有人想要我的外套；有人想要我最柔软的毯子；另一个坚持要我最喜欢的天蓝色的蜡笔；有两个人不想要抹着花生酱和果酱的半个三明治，而是要整个三明治。每次我把东西给了这些人，他们都会说"谢谢"，然后又会走到长长的队伍后边。在回队伍的路上这些人就把蜡笔用光，把三明治吃完，然后又排队来我这儿要东西。世界上总是有穷人存在。我的身边也总是有穷人。他们的要求永远不会得到满足，他们也永远不会消失。无论我去哪儿，他们都会跟着我要东西，要更多的东西。贫困将是永无止境的。无论我付出多少，都是远远不够的。

耶稣就是这样说的。

一杯咖啡钱

随着我慢慢长大，我听说了很多事情，这让我注意到贫困确实是一个很麻烦的问题。这些事情一再地重复一个观念，那就是贫穷问题从来没有真正地彻底地得到过解决。这让我坚定了一个想法：尽管我们都乐于尝试，但没人能够真正地提供足够的帮助彻底改变贫困现状。

随着时间的流逝，我不再读《福音圣经》了。过去是《圣经》插图让我发现了穷人的存在，现在是慈善组织的邮件、家里的报纸和杂志让我感受到穷人的存在，那些比《圣经》上更真实、更刺激的图片让我看到穷人们的状况：人们寻求着各种帮助，冲着镜头张开双臂，旁边就是灾害或疾病的头条报道；骚乱中的男子挥舞着拳头，旁边是压迫或战争的新闻；妇女们因为战争和饥荒四处逃难；孩子们躺在临时搭建的病房里，肚子肿胀；婴儿瘦得像骷髅一样，皮肤下的肋骨和锁骨清晰可见；孩子们的眼窝深陷，苍蝇就趴在他们的眼皮上。人们看上去既愤怒又无助，他们周围的一切都显得又脏又旧，破败不堪。

这些图片让我感觉穷人离我非常遥远。相比之下，我在宾夕法尼亚匹兹堡郊区的生活就像是一个童话。我认识的孩子中没有一个像照片中的孩子那样。我周围的人个个身体健康，衣食无忧。我就像是住在现代的罗克韦尔画中一样，屋前是柔软的草坪，鲜花环绕的绿树郁郁葱葱。在我住的街道上，夏天时房屋的前门都开着，冬天时各家房门上都装饰着冬青和花环。人行道上有用粉笔画的跳房子用的格子线。邮箱都整齐有序地排列着，上面还画着一些图像：

日落时飞过湖泊的大雁，在茂密的森林中奔跑的鹿，明亮的三色紫罗兰花束。自行车和滑板车放在前院。小型货车在车道上整齐地停放着。

我无法想象在我所生活的世界上还有穷人。我见过的每个厨房都有塞得满满的冰箱和食品储藏室，怎么还会有人挨饿？就连我邻居家的狗都有狗屋，并且连投放邮件的邮箱都很漂亮，怎么还会有人无家可归？在我家里每个人的衣服都有冬装和夏装之分，并且去学校、去参加足球训练、去教会，我们都会穿不同的鞋子，怎么还会有人穿不起一件温暖的外套？

所以，当有关穷人的故事渗进我的田园诗般的生活中后，他们引起了我的注意。我很难想象世界上还有这样的一群人，我也无法想象这些数据背后的故事。世界上有一半的人口每天的生活费用不到 2 美元。每天有 2.2 万名儿童死于贫困。近 10 亿人不认字或者不会写自己的名字。这些庞大的数字困扰着我，让我捉摸不透。作为一个美国中产阶级的白人孩子，我因为自己的相对富有和优越的生活感到愤怒、悲伤、恐惧、内疚，甚至羞愧。

当然，这正是那些善意的公益组织想要达到的效果，他们要吸引我的关注，希望自己的信息让我有所感触，然后让我把感触（主要是内疚）付诸行动：我的感受越强烈，我就会付出得越多。等到我再也承受不了这些令人伤感的数据时，公益组织给我提供了一个出路：捐助！奉献！帮助！

谁又能说不是这样的？实际上，我所要做的就是拿起电话，拨打号码 1-800，和那些可以解决这些问题的人联系（通过支票、信用卡或汇票）！如果我掏空我的口袋捐出零用钱，或捐出从沙发垫下搜集起来的零钱，我就能使一个孩子的生命多延续一天！如果我能拿出哪怕是数目很小的一点钱，就像莎莉·斯特拉瑟斯等充满激情的发言人说的那样，"不到一杯咖啡的钱"，就已经足够，我可能就会像他们一样成为改变那些穷人的命运的人。区区几元钱，我就可以帮他们解决问题！

所以我开始捐献。我搜集硬币。我带着每周的零用钱去教堂把它塞进专门用来募捐的天鹅绒袋子里。而且我去请求别人的赞助而且也得到了他人的帮助。我在门前的草坪上摆上桌子兜售迪克西杯子。我挨家挨户卖杂志、饼干和巨大的巧克力棒。万圣节之夜，我就拖着联合国儿童基金会的盒子在社区附近募捐。每隔一段时间，妈妈会带我到当地的银行兑换零钱，然后她会把一张支票和我手写的纸条寄给我在电视上看到的穷孩子。

每当我做这些事情，我就会感觉心里好受一点，至少要好受一段时间。

我知道，给这里几块钱，给那里几块钱，离我真正追求的目标还很远。在内心深处，我知道自己永远不会满足，除非真正接触到那些我觉得有责任帮助的人。事实上，我越来越觉得自己陷入了一个怪圈，我给予得越多，我离那些需要帮助的人越远。我参加了一些大型机构的一系列捐款活动，他们让我相信他们会处理好一切，而我自己却没有机会和那些需要帮助的人进行真正的有意义的接触。我不能捐抹着花生酱和果酱的三明治，我只是资助了别人的购物清单。这让我感到很不满意。

那些慈善组织后来给我寄来的感谢信让我感觉更糟。信件通常是写给我妈妈的，因为是她签的支票。来信都套用一个模板，第一句话感谢捐赠，然后接着要求我捐更多的钱。有些来信上的签名是打印出来的，没有一点儿人情味。看到这样的来信，我再也没有心情捐款了。（执行董事是干什么的？我在宣传片中看到的那个叫贾马尔的埃塞俄比亚孩子，或者叫薇尔玛的危地马拉孩子为什么没有在信上签名？）有些组织的信就像一些潦草的小纸条，好像捐助者不配收到一封手写的感谢信。就算我还是个孩子，我也知道这信是一台电脑回复的。

我保留了一封最莫名其妙的信，把它贴在桌子上方的墙上。信是一个专门救助唇裂、腭裂婴儿的公益组织给我写的感谢信。这封标准的单页感谢信除了表示我的支持对于这项公益事业是非常宝贵的，还多了一个信封。信封上是已经写好的地址，并且请求我捐款。这本是一件很平常的事儿，但这次的信封却有些别出心裁。信封上是一张婴儿的照片，她上嘴唇右侧严重唇裂。令人感到困惑的是，图片旁边的一句话："请求捐助，我们永远不会要求您二次捐助。"可是我已经捐过钱了，他们的感谢信还说我捐助的每一分钱都很有意义。

我讨厌这种活动，由它而联想到善意的捐赠人和善意的公益组织之间复杂的关系。一方面，我知道捐助出去的每一美元都会得到赞赏，都有意义。我喜欢这种感觉。而另一方面，公益组织中有些人会觉得一段时间过去后活动的影响力就会减弱。因此他们会换个方式，再赔上个笑脸继续募捐。窥一斑就可以知全豹，难道不是吗？他们直接切入正题，告诉我："嘿，捐赠人，我们知道打扰了你的生活。在你还没有厌烦我们时咱们来做个了结。你捐赠后继续你的生活，我们不再打扰你。"

在这个世界上，需求是永无尽头的。只是没有人愿意永无休止地捐助这样的公益组织。

可悲的是，我不同意这样的观点。我确信，对穷人的付出永远没有尽头，对他们生活的改善永远不能尽善尽美，对穷人的关心不能停止。所以我还是要付出，但我不知道该做什么。我的捐款只是表示我有某种力量来改变别人的生活。我用钱为自己买来短暂的如释重负的感觉。随着捐赠次数的增加，那种暂时的轻松感稍纵即逝。我知道自己不能用零钱满足世界上所有的求助。这就像我在主日学校读《圣经》时书上插图给我的感觉一样，穷人排着长队包围着我。

自然地，我慢慢硬起心肠，收起自己的同情心。我开始很少关注慈善宣传片，逐渐远离慈善捐款。我也不再理会那些吓人的统计数据。我熟悉的 1-800 号码在屏幕上闪过时，我就换台。我学会自我排解，不让那些宣传片过于影响我的心情，不再为自己无法帮助他人而对自己感到失望。

刷墙记

上了高中，慈善捐助一直困扰着我，就像恋爱中的分分合合一样，心情一会儿好，一会儿坏，时起时伏。尽管这种状况让我经常感到沮丧，我仍然深怀着拯救世界的想法，所以一直想着做出新的尝试。

不过，我现在对捐款不再感兴趣，而是想真正地参与到慈善活动中去。我要用捐款买东西来帮助别人。我希望自己能亲手把那个三明治交到某个人的手里。尽管这种行为本身是临时的而且有可能不够完美，但是我渴望体验一下用自己的两只手亲自做那些事情是一种什么样的感觉。所以我要付出时间而不是金钱。虽然一开始我并没有明确的想法，我还是开始参加志愿者服务了。我咨询周围的人，每有一次机会都欢呼雀跃。不幸的是，大多数的志愿者活动都让我像以前一样感到困惑和不满。

例如，我到当地医院参加校外义工活动，但是没有机会和患者互动，只是到礼品店或咖啡屋打工了事。难道我只是免费的劳动力？还有一次，我主动请缨为残奥会服务，帮助他们训练儿童游泳队。虽然我们都玩得很尽兴，但这样的活动太受欢迎了，以至于来做义工的教练比奥运选手都多。我来不来对于这个活动无关紧要，参加这个活动无非满足了自己做志愿者的心愿。后来，我参加了一个为当地贫穷家庭提供晚饭的厨房活动。起初，我很满足于自己和穷人有密切的接触，并且能够产生明显的影响。但参加过几次之后，那些拿着盘子来吃饭的人和我渐渐熟悉起来。记得有一次我擦桌子时，一位先生问我："明天见？"虽然他的话无伤大雅，但让我觉得很要命。难道他想在这儿日复一日，周复一周，年复一年地解决三餐问题？难道我要无止境地为他服务？难道给每个盘子盛即食土豆泥就是最好地利用时间吗？我们应该怎样打破这种饥饿的循环？我们应该怎么做呢？

在一次周末帮助匹兹堡市内贫困家庭修缮房屋的活动中，我经历了一次特别令人困惑的志愿者服务。当地的一个社区公益组织率先发出经济发展倡议，其中包括部署志愿者做免费的房屋维修项目。我也参与了这个活动。

一个炎热、潮湿的周六上午，我和十来个高中同学随身携带着各种用具，在教会的停车场爬进一辆面包车。该公益组织的办公室给了我们一个地址和所要完成的项目清单。我们驱车来到目的地，敲了敲前门，没有得到回应。于是我们卸下油漆罐、刷子和罩布等，开始干活。

和我一起来的几个小个子女生费劲地把长长的金属梯子搬到房子的后面，按照分工粉刷后阳台。搬梯子的时候，我低着头，喘着粗气，大汗淋漓。梯子太重了，我累得胳膊直打战，人也无暇旁顾。快到门廊时，我才抬起头。这时候，我听到一阵低沉的音乐声。在门廊旁的草坪上，一个20多岁肌肉发达的英俊男子穿着白色汗衫和网状短裤坐在前腿悬空、后腿着地的椅子上，把脚搭在前面的一个树桩上。对于20世纪80年代的人来说，他的装备可真是不错：随身听、橡胶耳机和游戏机。他的旁边有一杯放着很多冰的汽水，玻璃杯外面因为天气太热而形成很多水珠。当他开口讲话时，我一直盯着眼前的玻璃杯。

"嘿，感谢你们的光临。就是旁边的那面墙。"他指给我们看的墙就在门廊边上，上面有些涂鸦。在接下来的4个小时里，我们的教会小组在炎热的天气里挥汗粉刷墙面，而年轻男子则一直坐在他的躺椅上玩游戏。后来他还站起身来在房子旁边溜达着打电话。但大多数时间他都是坐在那里，玩手里的游戏，偶尔会抬起头冲我们笑笑。有一次，他还冲我们竖起了大拇指。还有一次，我觉得他是在偷偷地笑。我的脸颊热得通红，不仅是因为天气很热，太阳又晒，还因为感到困惑和尴尬。

小伙子看上去很不错。而事实是，我们不知道他是谁（出于某种原因，也没有人费心去打听）。也许是他就住在我们正在粉刷的房子里。也许他是房主的儿子或孙子。也许他是房子的邻居，只不过房主出门了，委托他监督我们干活。当然，在那个时候，我只是感到沮丧。为什么他不刷墙呢？他看起来肯定比我更有劲儿，应该搬油漆罐，刷起墙来也比我快得多。那天我一直都很纳闷：该由谁决定到底是谁真正需要帮助呢？

随后的几年时间里，我还参加过另外十几项志愿者活动，一直都觉得郁闷。即使当时的体验让我感到满足，但时间一久我还是感到空虚。我一直琢磨，自己到底真正改变了什么？或者说有可能产生什么影响？我越琢磨觉得问题越多，也无法找到答案。

但后来，我遇到了以前我从没有过的一次机会。我希望这能让我找到问题的答案。

太子港的毕业舞会

我上高中时，听到一些朋友谈论春假要前往海地的一家孤儿院工作。我简直不敢相信自己的耳朵，海地，南半球最贫穷的国家。当然，我认为在那样急需帮助的国家自己可以做一些有用的事情。

和父母吃晚餐时，我提到要去海地。我的父母并没有像我朋友的父母那样，吃惊得连刀叉都拿不住了。他们听了之后，问了一些问题。然后几个星期后，我就开始收拾去海地的行李。我爸爸也收拾行李一起去。（父母同意我去海地的条件就是，我爸爸要一起去。）

我给孤儿院的孩子们准备玩具、肥皂、袜子和牙刷。我给自己准备好防蚊液、登山鞋、几件 T 恤和几件长及脚踝的裙子。创办孤儿院的两个女人上过鲍勃·琼斯大学，她们把南卡罗来纳州格林维尔极端保守的文化也带到孤儿院来了。这意味着尽管是酷暑时节，在那儿也不允许穿短裤和露肩背心。

我清楚地记得接下来的一周发生的点点滴滴。

从迈阿密飞往海地角的货机上，震耳欲聋的噪声和颠簸的飞行让我的胃翻腾得七上八下。那天上午，航班上的每名旅客的座位被暂时固定在地板上。直到飞行途中有人内急，我们才知道飞机上没有厕所。当飞机降落时，舱门一打开，我感觉一股热浪迎面扑来。每一次呼吸都让我的肺有种灼热的感觉。随后我们乘车从机场到孤儿院，14 个人挤进一辆卡车后车厢，挤过交通混乱的海地角，然后在坑坑洼洼的土路上颠簸，最后穿过贫瘠的田野，直到抵达一个普通的由混凝土砖建成的长方形建筑。这个建筑物是铁皮屋顶，围着 10 英尺（约 3.05 米）高的混凝土墙，墙上还插有玻璃片。

我清楚地记得第一次见到孩子们时的情景，当时我们还搬着已经被海关打开的装满爱心礼物的纸箱。彼此简单地打了个招呼之后，他们的注意力很快就从我们身上转移到箱子上了，于是我们的注意力也集中在孩子们打开礼物的反应上。他们的反应是可以想象的，拿到玩具的非常高兴，拿到的袜子大小不合适让他们很失望，肥皂和牙刷让他们感到无聊——我发现自己在私下评判他们。我觉得他们应该喜欢我们带来的所有的礼物。然后我开始评判自己，哭着偷偷地离开现场，我请求上帝原谅我，我请求他把我变得好一些，让我有同情心和爱心，去除心中付出就要得到回报的欲望。

　　我记得作为指定翻译跟大家见面时我是多么自豪，因为我是小组中唯一一个会讲法语的（法语和海地克里奥尔语有些接近）。我感到更加自豪的是，除了儿时和家人露营，这是我第一次过没有水和电的苦日子。午后的暴雨中，当雷电没那么吓人了，我们借着大楼排水沟的断裂处流出来的水穿着衣服冲澡。

　　我记得和孩子们做手工时房间里柔和的音乐。他们显然很高兴，但我无法摆脱一种不安的感觉，我们不仅应该给孤儿院带来东西，还应该给孤儿院以外的人多带些牙刷、维生素或者书籍。

　　在离开的那一天，我们都哭喊着不愿分开，仿佛要相识相知到永远。我们交换了地址，承诺给对方写信。孤儿院的一些孩子把他们的照片给我们，好让我们不会忘记他们的长相。我收到两张这样的照片，我发誓回到家要把它们放在一个每天都会看到的地方。我小心翼翼地把照片夹在我的《圣经》里准备把它们好好带回家。

　　复活节的早晨我们飞回了迈阿密。我和爸爸先去参加沙滩上的日升礼然后赶下一班飞机回匹兹堡。当然，布道活动还是讲耶稣替世人赎罪而死，并随后复活一类的话。我想的却是：这天早晨，我在海地的新朋友会很乐意远涉重洋到美国来感受我的一切，但我却不愿意代他们受罪。当天晚些时候，我回到家里。我在卧室整理背包。拉开包链时吓了一跳，我的那本《圣经》皱巴巴地躺在包里，海地孤儿的照片散在书的旁边，揉搓得厉害，照片上还沾了唇彩变得黏糊糊的。

　　接下来的周末是我的高中毕业舞会。我穿着礼服，想和朋友开着一辆轿车去参加豪华的仪式。我觉得自己是一个彻彻底底的伪君子。我怎么会热衷于这些浮华和奢侈的东西呢？我花在衣服上的钱能给海地的朋友买些什么呢？如果他们知道我在做什么，他们会怎么看我？

舞会终于过去了。时间一天天、一周周地过去。我还是恢复了以前的生活。我不再轻易为穷人流泪。每当走进一个小型商场或杂货店，我知道我在海地遇到的很多人可能不会相信世界上还有这样的地方。即使想到这个，我也不再恐慌。刚回到家时，家里的电视机、微波炉和热水都让我觉得不习惯，现在我越来越熟视无睹了。我买自己并不真正需要的东西，也不再为此感到内疚。我也不再和海地的笔友通信了。

几个月后，我到离家几小时车程的巴克内尔大学读书，学校位于美丽的阿米什县。当时，海地之行让我有些伤心，感到麻木，我觉得贫困问题可能永远不会得到解决。尽管我还是希望做点什么，但是我没有心情。所以，在大学四年里，我学习哲学、政治学和诗歌，想学会怎样提问，理解权力，学习如何准确表达自己。所有这一切都是为了以后了解贫困、战胜贫困做准备。到毕业的时候我掌握了一些策略和技巧。我知道哪些可行哪些不可行。我可以很有教养地和别人谈论我们共同关心的话题。我在社会问题方面的质疑态度让我看起来很明智很冷静。事实上我确实很冷静，而且不再像以前那样富有激情。

客观地说，我在大学四年里并非是完全麻木的，而且有一些点滴对我的生活产生了长远的影响。我继续在当地做志愿者工作，并且加深了自己对贫困的理解。大二那年的夏天我在世界宣明会实习，对慈善集资过程中非常困难的一面有了新的认识。大三那年的春天，我参加"海上学府"活动，这是一次到国外大开眼界的学习经历。我们在环绕地球的 100 天航行中，能在 10 个国家停留。这次航行成为一个参照点和试金石，加深了我对世界的理解。它的短期效应就像我之前去海地的感觉一样：每个国家都让我深有感触，但同样不知道该如何应对这些经历。

所以，毕业的时候，我觉得自己对于贫穷的理解还是源于书本，并非是源于实践。我仍然不知道我应该做些什么来帮助穷人。这种不明朗的感觉让我在毕业时找了一份具有挑战性的工作。我不知道自己在寻找什么，所以看上去还是挺轻松的。但是有件很确定的事情是：我爱上了一个住在加利福尼亚的男孩，比起东海岸各种工作前景来说，爱情的力量更加强大。所以，我当时既盲目又乐观地决定去西部冒一次险。

鱼贩子凯瑟琳：去湖边

乌干达，托罗罗

2005 年

凯瑟琳又唱又跳地拍着手欢迎我回到托罗罗。美国公共电视网的摄影师就在旁边，他要给 Kiva 拍 15 分钟的纪录片。这让我有些不好意思，但是凯瑟琳似乎一点儿都不在乎。她跑过来乐呵呵地抱住我。我有一年的时间没见到她了，她知道我来找她是要查看一下她的项目，她已偿还了这个项目的 500 美元的贷款。凯瑟琳拉着我的手来到她家附近的一块空地上。我们坐在树荫下，听她讲过去一年发生的事情。她有很多好消息要告诉我。

2004 年的春天我第一次见到凯瑟琳·奥比奥时就立刻被她的魅力吸引住了。这位女士精于销售。她很有说服力，很自信，有恒心。多年来，凯瑟琳在托罗罗城外的村子里卖过洋葱、西红柿、青菜和食用油。虽然她努力工作，也有销售天赋，她和她的 7 个孩子靠她的微薄利润艰苦度日。作为一个寡妇，凯瑟琳要独自一人承担着家人的生活。

2000 年情况有所改变。凯瑟琳从乡村企业基金那里获得 100 美元赞助，并且接受了商业训练。这个来自加利福尼亚的公益组织主要帮助东非的微小企业创业和发展。那些课程教会凯瑟琳如何选择最佳的商业机会，让她学习了市场营销和会计，以及其他获得成功的策略。凯瑟琳不再卖蔬菜和食用油，开始卖鱼。她知道村里鱼的需求量很大，由此她看到了商机。而且和周围的人相比，她卖的鱼价格更便宜。

起初，凯瑟琳从鱼贩子那儿一次买几条鱼，然后在路边出售。随着时间一天天过去，她感到有些郁闷。因为她知道自己如果可以直接购买渔民的鱼，就不用把钱花在鱼贩子身上了。

但要做到这一点，她就得自己去湖边。

对于乌干达托罗罗的村民来说，去维多利亚湖就是一次冒险。托罗罗人很少出门旅行。凯瑟琳生活在一个贫困地区，多数居民从出生到老死都从未离开过村子，连超过一天的徒步旅行也很少见。村子离湖大约 100 公里，超过一个小时的车程。坐公共汽车或出租车的花费可能相当于一天的工资。而托罗罗附近的市场和贸易中心营业时间都很早，所以凯瑟琳开车几个小时来回可能意味着失去宝贵的卖货时间。另外，谁也不敢保证，凯瑟琳能在湖边买到便宜鱼，让她赚到钱来平衡收支。

然而，凯瑟琳决定冒一下险。

上午乘车前往维多利亚湖的一路上凯瑟琳都很紧张。她不知道等待她的是什么，也不知道这次出行是否值得。几个小时后，凯瑟琳拉着一箩筐的鱼回到村里。她在她自己的村子和托罗罗周围的村庄，把鱼全卖光了。凯瑟琳的利润几乎增加了两倍。

后来的几个星期，凯瑟琳经常去湖边买鱼，并继续调整她的经营模式。雨季来临时，她又发现一个新的商机：鱼的产量增加，价格下跌，所以她买进大量的鱼，熏制一部分，这样她不仅赚得更多，而且开发出不同的客户，甚至包括以前卖鱼给她的鱼贩子。

凯瑟琳的故事让我们都为她已经取得的成功感到自豪。她个人的努力和相应的贷款让她成功了。但我觉得凯瑟琳能够成功，最重要的原因是在生活中她愿意承担风险，能够勇敢地向前迈出一步。凯瑟琳去了湖边，她亲眼看到那里有什么并且知道自己能做什么。

第二章

勇敢地出发

第一谷

我带着两个行李箱来到旧金山，当时对未来没有任何的计划。我只是知道：我要和一群朋友住进帕洛阿尔托沙山路的一所房子里。在硅谷待过的人都知道这条路。如果一个创业者说她要"在沙山路上来回转转"，那就意味着一件事情：她在为创办公司筹款，因为大多数的硅谷风险投资机构都集中在沙山路上。当然，我当时并不知道这个。我只是很高兴有一个地方住宿。（后来，我和室友曾考虑过创办一家风险投资公司，就因为我们住在这样一个黄金地段。）

在2010号房子里挤满了十几个应届毕业生。我的朋友森迪普现在是一个成功的企业家，当年他睡觉的地方紧挨着厨房，只有壁橱那么大。在Kiva工作多年的乔恩养了一只叫"泽科"的猫，虽然当时的租赁合同不允许养猫，他还是和猫一起住进车库里。格雷厄姆住在客厅的角落里，把床单钉在天花板上隔出一块空间。还有一个朋友在后院搭了一个帐篷，每月支付 50 美元使用卫生间。我和其他几个女孩住最大的房间。我们想方设法把几张床勉强挤进去，挨着墙把床垫像多米诺骨牌一样排起来。睡觉时几个人头对头，脚对脚。最重要的是，我那时候住的房子离马特·弗兰纳里住的地方很近，步行去他的住处就可以。我和马特是在 2000 年上大学四年级时认识的，我在巴克内尔大学，他在斯坦福大学。我们是在华盛顿的一次会议上认识的。在认识了短短的几天之后，我们就决定要保持联系，并且很快发现这是一次远距离的异地恋爱。最后，为了缩短和马特之间的距离我搬到了加利福尼亚。

我到达加利福尼亚的第二天，就把简历复印件塞进背包，穿过马路，沿着一排棕榈树来到斯坦福大学。当我在校园里漫步时，遇到一个人我就递上一份简历。午后，我和斯坦福大学商学院的朱莉·尤尔根聊天。朱莉是社会创新中心公共管理项目的主管，她聘请我做临时的行政助理来替代一位休病假的工作人员。我很高兴有一份工作，而且当时只要有份工作干就行，反正我仍然不知道我想做什么（而且我知道自己需要钱付房租）。

当时我的想法是这样的：我知道自己以后的十几二十几年想要做什么，但我真的不知道该怎样起步。生活中，我可以沿着这排棕榈树找到斯坦福大学，但是事业之路上没有一排棕榈树引导着我到达自己的最终目标。怎样才能成为一个非营利组织的执行董事？或者成为一个开发主管？或者能得到那些我能想到的重要头衔？我不知道。但我知道我的目标是什么：我要在一个真正能够为穷人服务的组织中起到领导作用。

我虽然接受了朱莉的工作，但还是为自己在商学院落脚而感到有点失望。因为我觉得商业领域的人士是不会有兴趣来解决社会问题的。尽管我要加入的部门叫社会创新中心，我还是怀疑商学院的学生是否会利用他们的专业来真正地帮助别人。对于我来说，在这儿工作似乎是一种倒退。以前，我总觉得商学院的这些人唯一能做的就是拼命赚钱，赚到大钱之后再把钱捐赠出去。就我个人经验而言，这种做法不是一个良性循环，结果也不会让人满意。我很担心自己正在违背初衷，担心商学院的文化会误导我。我觉得这个工作很可能会是一次不愉快的体验，而且很有可能会妨碍我对贫穷问题的关注，更别说去探索什么扶贫方案了。

为了释放自己的这种担忧，每天晚上和周末我都在东帕洛阿尔托的一个小型公益组织里做第二份工作。这个组织主要关注少女妈妈和她们的孩子，而我承担了临时协调员和现场经理的工作，这样我就能和真正需要帮助的人紧密接触，并且希望通过这个渠道能遇到志同道合的人。

烘烤销售和底线

我负责照看四个十几岁的女孩和她们的孩子。我们一起住在一条死胡同中的一套平房里，后面就是旧金山湾。东帕洛阿尔托和高速公路对面的帕洛阿尔托和斯坦福形成鲜明的对比：帕洛阿尔托是美国最富有的地区之一，而东帕洛阿尔托不仅经济落后而且犯罪率也相对较高。20 世纪 80 年代到 90 年代情况尤其恶劣。1992 年，东帕洛阿尔托的杀人案件数量在全国居首位。目前状况有很大的改善，犯罪率有所下降，市区也发生了很大的变化。这个地区出现了中产阶级化的发展趋势，城市的 25% 已经被买断用于开发较新的、富裕的住宅区和商业区。2001 年和 2004 年间，我住在当地并且参加了各种志愿者活动，亲眼看到了这些变化。2003 年我在那里连着住了好几个月。

不管怎样，我住在加利福尼亚的那些日子过得很充实。每个工作日我都早早起床做饭，按时带少女妈妈和孩子们出门。如果没人监护，少女妈妈不能独自留在家里。所以我们每天早晨带她们离开家，然后锁上门。可以想象那是一个什么样的混乱场面，四个未成年的少女，加上六七个婴幼儿，大家共用一个卫生间，更不用说早晨女孩子们各式各样的麻烦事儿了。我们出门后，少女妈妈就把她们的孩子放到我的汽车座椅上，然后到附近的公共汽车站和火车站坐车去学校学习或者参加职业培训。而我先把这些小孩子放到不同的日托中心，然后到斯坦福大学开始我一天真正的工作。

虽然我曾对自己在斯坦福大学的工作产生过动摇，但实际上正是斯坦福让我了解了什么是社会变革和社会影响力。周围的商业人士、各种资源和思想鼓舞和刺激着我。我参加午餐会上由学生主持的一些讨论，和那些我钦佩的学生一起喝咖啡，参加各种讲座和会议。我一个星期可以听到很多次著名的演讲。有时候，我可以读那些被工商管理教材用作教学资料的公司案例研究。我甚至有时可以在教授们闲暇时闯进他们的办公室，先跟他们解释一下我是谁，告诉他们我虽然不是正式的学生，但有一些问题要咨询他们，看他们是否乐于回答。我不记得被拒之门外过，甚至一次都没有。只要我想学点什么，总是有人愿意帮助我。

在斯坦福大学，我了解到改变世界的方式是多种多样的。有些机构的规模是相当庞大的，他们在世界上的许多国家雇用很多人。有些是行业中最具创新性的，他们要么发明医疗技术挽救成千上万人的生命，要么开发新方法为教育不发达地区的儿童服务。他们经营有方，一切看上去都很棒，他们每一美元的捐赠或者每个项目都会产生效果。这些机构以及他们的创始人诠释了什么是有意义的大规模的社会变革，而且就此设定了很高的标准。

但是我在东帕洛阿尔托参加的活动并没有追求大规模的变化和影响。相反，就像美国其他公益组织一样，这个组织有意地把关注点集中在社区。他们接受来自各种渠道的微薄资助：零零散散的基金赞助；某个富人的个人捐款；一些董事会成员或其他志愿者举行烘焙销售和旧货销售的收益；当地的教堂每年一次圣诞音乐会门票及会后篮子里布施的财物。总体而言，这个公益组织主要依赖于社区里那些慷慨的热心人的捐助才得以收支平衡。

在斯坦福大学，我遇到的机构似乎都能自如地开展各种公益活动，他们的社会影响力和社会投资回报等都是非常明显的。我服务的这个庇护所则不一样。除了给少女妈妈和她们的孩子提供住处，庇护所还要求少女妈妈参加其他的教育、职业和生活训练以及接受思想导师指导等项目。组织这些项目的志愿者认为精神成长源于那种抓不着看不见的社会影响。例如，工作人员和董事会成员认为少女妈妈们能在庇护所学到知识，然后和上帝建立联系，因此灵魂会得到净化，随之她们就会有行为上的改变。净化灵魂的愿望虽然很好，但鉴于我在斯坦福大学所了解的信息，我觉得这些庇护所没有把愿景变成量化的目标并且没有对女孩们产生长远的影响。例如，尽管庇护所给女孩们提供各种各样的帮助，但是女孩们还是一次又一次地重复犯错，这种现象让我非常沮丧。我认识一个曾在庇护所住过的女孩子，她第一次怀孕时只有 15 岁，到 19 岁时，她又怀了两次孕。她参加过庇护所提供的所有项目，学习了各种课程，但她还是一次又一次地回到庇护所寻求帮助。我百思不得其解。对于这个女孩来说，庇护所除了给她提供了临时的住处，以前所做的一切还有什么意义呢？

尽管有各种疑虑，我还是很喜欢这些女孩和她们的孩子，而且庇护所的组织者的美好初衷也让我很感动。当被邀请参加董事会时，我备感荣幸并立即接受了邀请。然而，董事会的会议经常让我感到困惑，让我的心情变得非常复杂。我们经常祈祷，谈论美好的愿望：把种子播种在人们心中，帮迷失的牧羊人把羊赶进羊栏，让疲惫的人得到休息，让渴极了的人喝到生命之水。我们相信上帝能够平衡我们每年的预算，祈祷上帝让更多的人来做志愿者和工作人员。我们恳求上帝眷顾那些庇护所的女孩子们。我因为这份真诚和乐观而热爱这个集体，但也会感到沮丧，因为庇护所对于一些基本问题缺乏明确的答案：针对那些在庇护所参加完所有项目的女孩子来说，庇护所的目标是什么？如果他们未能达到这些目标怎么办？怎样使公益组织学习、成长，最终变得更加有影响力？对于这些问题，一时很难找到答案。但一段时间后，我发现自己和庇护机构中其他人的观念有很大的差别：他们每年都做一些重复的活动，例如烘焙销售、旧货销售或者洗车等，他们不去尝试新的筹资方式。我还提出了一个问题——"为什么我们不提供免费的节育措施"，这个问题引起尴尬的沉默，然后董事会的一位男性成员解释了为什么庇护机构不支持这么做。随着相识日久，我更加关爱这些女孩子和她们的孩子，但很明显对于这个组织的前景，我和其他人的想法是不一样的。不过这没什么关系，只是我们互相不适合罢了。最终，我找了一个朋友接替我的工作，然后我继续做自己想做的事情。

正当我打算离开庇护所，搬进一个新公寓时，马特和我来了一次周末的徒步旅行。在山中，他向我求婚，我答应了。我开始准备夏天的婚礼，因此只做在斯坦福大学的那一份工作。我终于有时间来思考：不管是从个人角度和还是从专业角度，我到底想要干什么。

我常常回想我在庇护所做志愿者的生活，在斯坦福大学的那份工作让我的思想变得更加深刻。我一直在思考，怎样才是最好的扶贫模式？公益组织付出爱心，以建立关系为目标，但效果却不明显。那么大规模的机构利用他们的影响力促成的改变社会的模式又怎么样呢？用理智做慈善和用情感做慈善有什么不同吗？我怎样才能找到更好的切入点？

我的感觉是，把这两种不同的方式结合起来将是世界上最好的慈善模式。我不知道能否建立一个有策略、有热情并且有发展前景的机构，可以让我在扶贫之路上走得久远。我设想成立一个机构，建立起人与人之间密切的联系，然后让他们激励他人，服务众人。我能找到这样的机构吗？或者我能找到能够帮助我开启类似模式的机构吗？

微顿悟

在接下来的夏天里，我结婚、度蜜月，然后回到商学院继续工作。一天晚上，我正要关闭电脑离开办公室下班时，收到一封电子邮件。邮件上说有个讲座，但我以前从来没有听说过做讲座的这个人。他的讲座跟银行业有关，但又是一种不同的银行业。他是一个为穷人服务的银行家。实际上，这听起来很有意思，但坦率地说，让人心怀疑窦。穷人没有钱，为什么还需要一个银行家呢？出于好奇，我决定去旁听一下讲座。

做讲座的这个人就是穆罕默德·尤努斯博士。那时是2003年秋天，三年后即2006年尤努斯和他的格莱珉银行因为开拓现代小额信贷业务被授予"诺贝尔和平奖"。但首先我要说的是，在听讲座的那个晚上，尤努斯改变了我的人生历程。

1976年，尤努斯在孟加拉国的吉大港大学担任经济学教授。他经常和学生们一起到乔布拉附近的村庄进行调查，面向最贫穷的家庭做各种项目。通过这些调查，尤努斯发现很小的一笔钱就可以使制作竹子产品的村妇摆脱掠夺性贷款的恶性循环。

为了维持生计，当地的妇女每天从放贷者那里借极少量的钱（大概几美元）。放贷者的放债利率非常高，但村妇们没有其他选择，因为没有人愿意借钱给她们。她们用这些小额贷款买一天的原材料，辛苦地制作竹子家具，然后靠出售这些产品赚钱。但遗憾的是，一天下来，她们几乎要把赚来的所有的钱都用于支付贷款。有时，她们甚至会还不上贷款，因此而欠下更多的债务。

尤努斯的调查结果表明，要让这些村妇摆脱这种恶性循环，她们必须要有购买材料的本钱。这些本钱只需要 856 塔卡，约合 26 美元。尤努斯于是自己借钱给当地的村妇，不要利息，每天在村里的小茶叶摊收回还款。值得注意的是，每一个村妇都能全额还款。

尤努斯在孟加拉国小村庄的实验最终推动成立格莱珉银行。这家银行成为现代小额金融业先锋，不仅包括小额信贷，还包括其他的金融产品，即为穷人创业提供服务。当然，格莱珉银行最开始做的就是小额贷款项目，并因此而出名。他们扶持客户创业或者帮助他们发展企业，让他们有能力投资家庭生活、送孩子上学或者只是满足日常生活所需。这些贷款额度很小，有时只有 100 美元，但影响却是巨大的。现在，格莱珉银行拥有 750 多万的借款人（超过 2/3 的人都靠自己的力量摆脱了赤贫生活），并且激励着世界上其他无数的机构循着尤努斯的模式，通过小额金融项目为穷人服务。

为什么以前没有银行为这类群体服务？其他银行不愿这样做是因为嫌小额贷款的手续太麻烦，他们也不愿意承担借款人没有抵押物的风险。从尤努斯那里获得帮助的那些村妇根本没有任何抵押物，而且传统的银行业务通常是必须有钱才能拿到钱。因此，有很多人（其中很多是女性）被认为是和银行无缘的，被传统的金融服务机构拒之门外。

但尤努斯的格莱珉银行和其他类似的小额信贷机构已经完全颠覆这些传统的思维模式。他们为穷人提供资金资助和金融服务，因为他们知道，只要有机会，这些所谓的穷人就会成功，而且这些人很有诚信，世界范围内的小额贷款还款率上升了 95%。而借款人会一直使用贷款来扩大自己的业务，改善他们的家庭生活。这些创业小额信贷机构的工作业绩表明，投资给穷人不仅是可行的，也是可持续的，而且这是一种帮助人们摆脱贫困的有效手段。

那天晚上，我在斯坦福大学了解到尤努斯的小额信贷可能改变世界各地数以百万计人们的生活。尤努斯的故事激励了我，而且这种模式便于实践。他明确表示，任何人只要采取行动，向前迈出几步就可以做出像他一样的不凡业绩。尤努斯于非常熟悉各种各样的经济理论，但真正的魔法时刻始于他离开办公桌来到附近的村庄，开始直接与当地居民互动。我想象着在孟加拉国的小村庄，他和当地人握手，和人们聊他们的生活，提出一些问题，并耐心听人们给出的答案。然后，他采取具体行动来解决每个人的问题，从口袋里掏出几美元贷出去，最终产生巨大的影响。

尤努斯不仅讲了个鼓舞人心的故事，一个改变世界的机构的诞生，更让我震撼的是他对穷人的描述，我以前从来没有听说过这个词：创业者。

尤努斯的讲座给了我真正的启发。我不再沉寂，不再郁闷，不再感到无所适从和内疚，不再为自己辩解。他的故事里没有悲伤、绝望和无助。在他的故事里都是些聪明、坚强和勤奋的人，这些人能够利用好一切资源，最终成为创业者。

这完全推翻了我对贫穷的理解。尤努斯谈到的不再是宣传手册上一张张悲伤的面孔，不再是贫穷本身的问题。那些穷人不再只是慈善案例或需要解决的问题，他们不再是被动地接受那些无止境的、不假思索的慷慨，而这些慷慨往往源于我们个人提升自己的道德品质的愿望。这些人生存的环境是问题的关键，是环境剥夺了他们获得生存所需要的工具。这些人既不软弱也不是没有理想。他们有能力、有思想而且有毅力。他们就是那些我想接近而不是避开的人。他们都是创业者。

长期以来，这是我第一次意识到，虽然扶贫是一项艰巨的任务，但是我们可以从每个个体入手，每次都迈出一小步，通过小额贷款这样的方式给予扶贫对象实实在在的帮助，支持他们走上创业之路。

为什么尤努斯讲的这些故事和我以前在慈善组织遇到的情况会有如此的不同？谁的故事更可信？我又该相信谁？是相信尤努斯还是相信公益组织？我要自己寻求问题的答案。我要亲自去接触更多的穷人，看看这些人到底是些什么样的人，他们将会成为什么样的人。

我想了很多。如果尤纳斯说的这些人是真正的创业者，那他们正是我尊重的那种人，也是我愿意帮助的人。和他们的接触也会改变我，我将不再是远远地站在一旁的观察者，不再是一个被动的捐款人，不再是一个孤单的志愿者。如果他们的经历如此与众不同，那么我的经历也会一样。面对现在的这种情况，我应该怎么做？

我将会成为一个怎样的人？

进入小额信贷领域

那天晚上，尤努斯的讲座激励着我开始了自己新的征程。我渴望做一些具体的、有意义的并且有针对性的事情。我想跟尤努斯一样，先和那些我要帮助的人沟通和交流一下。

所以我决定按照尤努斯的方式试一试：先和我想帮助的人联系

上，认真听听他们的需求。我不知道怎样才能联系到这些人，但是我想小额金融领域的一些人士也许会帮到我。于是，我锲而不舍地寻求信息，不只是尤努斯，那些已经涉足小额信贷领域的人士都是我咨询的对象。我把旧金山湾区跟小额信贷有关的机构列了一个名单，只要我觉得会对我有帮助的机构都在名单上，然后开始挨个给他们打电话和发电子邮件，有时还会亲自到他们的办公室去。

通过这种方式，我认识了布莱恩·莱嫩，一个非营利机构——乡村企业基金的创始人和执行董事。他把总部设在加利福尼亚，致力于扶持东非的微型企业发展。我和布莱恩约在圣马特奥办事处附近的餐馆吃早餐，餐馆在加利福尼亚西部几英里的一个地方。从我和布莱恩隔着桌子相对入座的那一刻起，我就知道这次见面将非比寻常。布莱恩是我见过的最平易近人的人。他笑着跟我握手，跟我讲他的故事。我把简历放到桌上，准备简明扼要地介绍一下自己的经历以及我一直在寻找的合作机会。这时候，布莱恩打断了我，很有礼貌地把我的简历放到一边。他笑了，双手十指交叉放在桌子上，看着我的眼睛，单刀直入："这不是采访。请告诉我，你是谁？你最想做的是什么？"

我把自己的想法和盘托出。我告诉他我希望可以帮助穷人但不知道到底怎样帮。我告诉他到目前为止我所有的努力以及自己为什么感到沮丧。我告诉他我在海地苦乐参半的感受。我告诉他我希望斯坦福商学院能帮助我厘清思路，但直到现在我也不知道该做些什么。我承认自己很感谢现在的工作，但是我并不想一直这样做下去。我告诉他我觉得自己现在处于一个瓶颈状态，我离真正的扶贫前沿工作很远，也没有真正接触到那些我想帮助的人。

然后，我告诉布莱恩几周前我听过尤努斯的讲座，我感觉自己确实想像尤努斯一样做点事情：认识一些想创业的人，聆听他们的故事，然后在这基础上为他们做些新的尝试。我承认，我并不确定这样做是否对他或乡村企业基金会有好处。如果布莱恩有别的更好的项目，我也会去做。我表示自己会学得很快，而且愿意去任何地方。

最后，我终于说完自己的想法了。

在我说话的时候，布莱恩一直在听。他点点头，他听进去了，他明白我在说什么。

"我认为你是对的，"他说，"你只有自己亲眼看一看，亲身经历一下，你才会了解贫穷到底是怎么回事儿。去和创业者们谈谈，交流一下吧。"

布莱恩没有觉得我的想法不现实。他从来没嫌我的计划不够具体，也从不质疑我是否有能力和经验。他听得很仔细，并且肯定我的直觉是对的。他建议我接下来就实施自己的想法：走出去，去见见那些确实需要帮助的人，并找出办法来帮助他们。

交流结束时，我直接问布莱恩如果我遇到问题，能否再和他见面。他提议下周见面吃午饭。我立刻高兴地接受了他的热情邀请，生怕他会改变主意。

第二周我们如约见面了，后来的两周我们也有过见面交流。经过六七次午餐谈话后，我和布莱恩设计了一个为期三个月的项目，由我去东非采访乡村企业基金扶持的创业者。我的工作是调查乡村企业基金在肯尼亚、乌干达和坦桑尼亚资助的农村创业者。这些创业者都接受过乡村企业基金100美元的赞助，然后开始创业，发展自己的企业：修鞋、卖自行车零配件、种小米或玉米、织毛衫、为工人的午餐供应大米和豆子。我要花三个半月进行采访，了解扶持资金对创业者的生活有什么样的影响。

去东非前，我和布莱恩为调查活动设计了一些问题，在我和创业者们交流时可以问他们这些问题。有些问题旨在收集和业务相关的信息，如他们的收入、成本和竞争对手等。但由于乡村企业基金主要关注的是如何通过发展微型企业减轻贫困，因此大部分的调查问题集中在创业者和他们的家庭生活水平上。这些问题旨在收集数据，例如家里的孩子们是否上学？家庭成员的衣着有变化吗？他们每天吃几顿饭？他们是否吃得起肉和蛋？他们有多少财产？

布莱恩教给我所有的事情。他给我讲当地的文化和风俗习惯，给我介绍天气、语言、食物的情况，还告诉我怎样准备行李。布莱恩让我以极大的热情去面对即将遇到的各种问题。也许最重要的是他给我讲述了自己在该地区的经历，而我在做调查时也可能会面临同样的问题。他告诉我翻译有时可能会出现疏漏，我要怎样才能梳理出最准确的信息。例如，他解释到，尽管我们的意图是好的，但人们可能并不总是如实回答问题。我代表的是向他们提供资金支持的机构，这个机构下一步可能会提供更多的资助。如果我问创业者乡村企业基金对他们的资助情况，他们也许会只告诉我一些正面的东西。或者还有些人可能会出于自尊想向一个美国人表现自己的成功和成就。还有人可能只是出于礼貌，不想让客人失望。布莱恩建议我要提醒被采访者，对于这些问题，答案没有对错之分，只是需要他们把自己的经历告诉我们。布莱恩教给我在创业者回答问题的时候，怎样才能让他们保持尊严。

布莱恩建议我的调查可以先从闲谈开始，讲讲自己的情况，再问一些简单一点儿的问题，例如问一下受访者的名字、公司的名字、家庭人口结构等。然后我可以问一些比较深入的问题，例如有关企业运营方面的问题、收入问题，以及生活水平的问题。只有和被访者建立了很融洽的关系之后，他们才能和我开诚布公地讨论这类问题。为保证调查圆满结束，我还要调查一下创业者对未来的梦想和抱负。如果我觉得还有任何其他问题，而且这些问题有助于我进一步了解他们，我也可以问。布莱恩鼓励我以开放的心态去了解每一个人，不要给交流设置任何框框，要善于倾听。他告诉我，事实上，在脱稿时刻人们谈到的往往才是最要紧的事情。

和布莱恩一起的那些时刻我学到很多东西。布莱恩让我学会了如何准确地提出问题。他为我做出榜样：认真倾听，学会接受复杂的环境以及乡村企业基金客户们的心理。最重要的是，布莱恩给了我一个机会，一个改变了我的生活的机会。他让我走上一条自我发现之路。

几个星期后，我登上了飞往内罗毕的飞机。

商店店主布莱辛：位于路中间的商店

坦桑尼亚，达累斯萨拉姆城外，两村之间

2005 年

我参与乡村企业基金活动几个月之后，在翻译的帮助下，我访问了一个小商店的店主。这家商店是一个很小的正方形的房间，不比一个储藏室大，只卖为数不多的一些商品。商店的旧木板墙壁是用生锈的铁钉钉起来的，油漆斑驳脱落。整个商店就像一个满是补丁的旧棉被，给人一种很破败的感觉。商店的屋顶是废铝板做的，形状奇特，有一些用钉子钻出的孔。阳光透这些孔过照进店内。商店没有名字，店主叫布莱辛。

布莱辛的小店不挨着路边，这跟我在这个地区看到的其他小商店不一样。它位于村庄和市场之间的土路上，就在路的中间。在这条路上来来往往的人都不可能绕过这个小店。村民往来于村子和市场之间，一定要经过她的店。布莱辛的商店从早到晚就在那里开着，无论谁从店里经过，都能看到店里狭窄的木头货架上的商品：肥皂、糖、食用油、煤油、玉米粉、洗衣粉、一些洋葱和西红柿，以及其他各种家居用品。不过，布莱辛的店里也有一些不同寻常的产品，我在该地区的其他乡村小店里还没有见到过这些东西。例如，她卖的肥皂不是一种而是四种不同类型，她卖 AA 和 AAA 两种牌子的电池，卖润唇膏和价格相对贵些的洗发水，对于周围的村庄来说这可都是些不同寻常的奢侈品。柜台上有个一个罐子，里面有各种包装的巧克力和硬糖，这让我想起我孩提时在家乡去大超市的情形，那时候超市结账处就有一个类似的罐子。

在布莱辛的店里，许多商品事先都被拆封，然后重新分成小包装。有的肥皂条一切两半，有的切成四份。几十个塑料袋里装着只能煮一顿饭的一茶匙食用油，旁边则是一升装的壶。一袋玉米粉已经拆封，空了半袋，倒出来的一半装进三种不同尺寸的杯子里。

我喝着印度茶，在布莱辛的店外面坐了几个小时，了解她的家人和她的乡村生活。最重要的是，我想看看她和来来往往的顾客之间的互动。第一个客户是一个小男孩，个子不够高，看不到柜台里的东西。他轻轻地踩上布莱辛在柜台下放的一块大石头。布莱辛走进店里，从里面和他打招呼。他害羞地说要买塑料袋里的食用油和一小袋洗涤剂。他递给布莱辛几个硬币，布莱辛把商品交给他。然后，他停了一下，笑了笑。布莱辛没说话，拿起一个装着一些糖果小杯子，放在男孩面前的柜台上。男孩掏出一块糖，低声说"阿散蒂"，也就是"谢谢"，然后跳下石头，高兴地跑开了。

整个下午来了不少顾客，其中有很多是孩子，他们离开店里时都拿着一块糖。一位妇女买了一瓶洗发水，对布莱辛和顾客来说，这就是一笔大交易了。另外有人买了两节 AA 电池。还有人买了一些比较普通的商品，像小份装的肥皂和玉米粉。布莱辛喊着每一位客户的名字欢迎他们，热情地打招呼。当布莱辛给顾客拿商品时她还问一些问题。翻译解释说，客户让布莱辛下次去达累斯萨拉姆进货时给他们进一些自己想要的商品。布莱辛几乎不认字也不会写字。后来她告诉我，她都是在心里记住商品的名字，并且从来没有忘记过。

布莱辛是一个天才的观察员，她发现了无数的商机来满足邻居的需要。商店的经营模式反映了她很有见识，她意识到商店的位置选在路中间可以和更多的人打交道，能够和村民频繁互动，这是了解顾客需求的最佳方式。相反，挨家挨户上门推销商品又累又耗时间，在市场附近开店又离家太远，而且她可能会被埋没在那里众多的商店中间。因此，她想出了非常规的办法：把店开在路的中间。

　　以这种方式，布莱辛成为大家日常生活中不可或缺的一部分，成为最有经验和最成功的零售商。在商业活动中她首先倾听服务对象的要求，了解服务对象的需求，然后确保自己能够满足他们的需求。

第三章

听懂弦外之音

第二谷

"准备好了吗！出发"。理查德·玛赞戈的声音把我拉回到现实世界。

坦桑尼亚的午后似乎比我去过的任何地方都热，以前我的很多想法就像是在做一个白日梦。自从到达非洲，我一直处于一个思绪纷扰的状态。以前关于非洲的印象都是从电影或者书本上获得的，例如《上帝也疯狂》《小王子》。还有一些电视节目让我对非洲有些了解，住在佛罗里达州的外祖父订阅多年的《国家地理》杂志也让我对非洲有些印象。在以前的想象中，我漫步在低矮的猴面包树中间，坐着经典的卡其色越野车穿越无名的非洲沙漠。虽然这个情景非常可笑，但是它在我的脑海里挥之不去。

白日梦醒后，我看到了真实的东西。我的一些遐想已经成为现实。我的周围都是猴面包树，它们遍布在我们暂时歇脚的黄褐色沙漠中。我凝视着远处的地平线，尽量让眼睛适应当地的光线。看着热浪从沙漠中升起，我脑海里闪现出几个词，这些词我以前学过，但它们描述的情景我从未见过。"折射"，"海市蜃楼"，在坦桑尼亚我亲历了这些现象。

事实上，几个星期前在飞机降落到内罗毕机场时我已经有这种感觉了。飞行的最后几分钟里，飞机上响着嗡嗡的声音，我看到飞机掠过的地面是发亮的棕色，是绿色和湿润的"大草原"。当时刚刚破晓，地面上的一切都很清新。我可以看到十几个木屋围成一个圆或者半圆，茅草屋顶点缀着大地。这就是"乡村"。道路穿过原野，在空地上还比较宽阔，接近树林时就开始变窄。我看到一群群褐色的斑点一起朝着相同的方向缓慢移动。这就是"畜群"的"迁移"。天空中没有云彩，只有灰色的烟以漩涡状从下面升起。当飞机继续下降时，我眯起眼睛，想象着我看见了某个人。我要让自己相信，地面上至少有个人在那儿热情地满怀希望地盼着我的到来。

几个星期后，我在坦桑尼亚见到了店主布莱辛。我和乡村企业基金主管理查德·玛赞戈从达累斯萨拉姆到多多马完成最后几天的工作任务。作为坦桑尼亚的乡村企业基金的国家主管，理查德的任务是带我去采访该地区的创业者。我们离多多马还有几个小时的车程，而且运气也一直不好。理查德一个小时前刚刚修好轮胎。那天早上一路上已经爆了两次胎。晚上回去的路上还可能再爆胎。但是，无论怎样，爆胎时理查德都不让我帮忙。

我在东非见到的大多数男人遇到事情时都是让我在一边看着他们干活，他们认为让女人和他们一起干活不合适。但是，即使我遇到的女士们也不会让我帮忙，因为我是一个客人。其实我也不可能像他们那样干活。我不能用钝刀在手掌上切番茄；我不知道怎么用旧扫帚把擀出像叶子一样薄的印度面饼；我紧张地看着她们只用自己的手指在热炉灶上翻肉饼；看着她们干净利索、神态平静地从一个黑暗的烟熏火燎的土坯屋里端出米饭和豆子，我真想不通他们在这种环境中怎么还能保持这样的状态。一个女人竟然把汽车轮毂盖放在三块石头堆成的炭火上，然后烤出了一个真正的蛋糕。太难以置信了，我对她佩服得五体投地。

以前我拼命地想成为有用的人，现在出于各种原因，想成为有用的人太难了。

"走吧！"我应声回答理查德。我从折叠椅中站起来，走出猴面包树的树荫，爬上破旧的皮卡汽车。理查德马上踩下油门，皮卡汽车加速向前行驶。很快，我们就穿过宽阔的塞伦盖蒂道路，轮胎不断地打滑和侧滑，在我们车后面扬起的厚厚的一团团尘土，遮住了我们回多多马的路。这条扬尘的土路是这个地区仅有的交通干道，挤满了汽车，汽车要想平缓地行驶是不可能的。尽管车速时快时慢，但我们离这次的目的地也就是东边的一个小村庄，只剩几个小时的车程，一路上还有和煦的微风吹在脸上，因此我的兴致还不错。

我坐在乘客一侧的长条座位上，把胳膊伸出窗外，热风吹过我的手指。我尽量让视线盯住前方熟悉的猴面包树。因为如果一低头，我就会看到卡车金属的底部已经锈烂，露出了一个洞，脏乎乎的土路在我脚下嗖嗖掠过。路上的尘土直冲进驾驶室，我的鼻子、嘴唇和喉咙都沾满灰尘。我一笑，灰尘就沾在牙齿上，让人感觉黏糊糊的。可以肯定的是，在多多马的一天下来，我的皮肤就会晒得更黑，本来棕色的头发颜色会变浅，汗水浸透的 T 恤会变得发黄，就像沙漠本身的颜色。

理查德坐在驾驶座上，脸上带着笑容，干干净净的没有尘土，总是一副神清气爽的样子。我们穿越沙漠时，一路上他都跟着盒式磁带哼着美国福音音乐，这是几年前他在亚特兰大参加一个会议时得到的磁带。每次我们钻进货车时，理查德都会把手头上的 3 盒磁带轮流放进录音机里，播放吉姆·里夫斯、肯尼·罗杰斯的歌曲，还有一些流行精选，一些关于光、河流和爱的福音音乐。虽然我知道这些歌曲会在我耳边萦绕数月，但我从来都没有抱怨过。理查德是一个非常好的人，我在坦桑尼亚时就和他的家人住在一起。他们非常善良和慷慨。我和理查德到多多马城外的这个小村庄拜访伊诺桑，她是我在东非时要拜访的创业者之一。

我拿好相机、笔记本、笔和面谈材料跳出卡车。伊诺桑迈着轻快的步子向我们走来。我们笑着用斯瓦希里语互相问候，"你好吗"，"我很好"，握手问候在坦桑尼亚可不是一件小事情。这是一个热情洋溢的动作，可以持续一分钟或更长的时间。来到坦桑尼亚几周后，我学会了伸出我的右手和对方握手，用左手拍打右前臂让它放松一下，因为在说话时右手要一直和对方握着摇动，实在是太累了。

伊诺桑领着我们走到一棵很大的猴面包树下，然后快速转身进屋。树荫下放着三把手工制作的木头折叠椅，椅子是用仔细打磨过的弯曲的树枝做成的，利用木钉和一些铁钉子钉起来。它们涂着一层闪亮的散发着酸味的褐色清漆，永远有种黏糊糊的感觉。我坐下的时候，椅子一下子倾斜了。我只好向前伸着头看我的笔记本电脑，做笔记时下巴几乎碰到我的胸。最后我坐在椅子边上，腿上放着我的相机和访谈资料，等着伊诺桑从屋里出来。

一个年轻的女孩从小房子里走了出来，一只手拿着一只大水罐，另一只手拿着一个大塑料盆。她有点害羞地走近我，跪下，并点头示意我拿起盆底的一块肥皂。我拿起肥皂，这时她把大水罐举高然后慢慢地往盆里倒温水，制造出一种从水龙头流出水时的感觉。她越浇水，水罐越轻，水盆越重。水流得太急，她的胳膊晃了多次。我想赶紧洗，但她似乎并不着急。我洗完后，伊诺桑手里端着两杯热茶从她的屋子出来。

炎热的下午终于要过去了，黄昏慢慢降临，我喝着茶，专注地听伊诺桑告诉我如何用区区 100 美元，努力开始做生意，扩大利润，让自己和家人的生活变得更好。

给茶里放点糖

伊诺桑的业务很简单：她在她家附近一个市场卖干玉米，做点儿小生意。我以为对她的采访会平铺直叙地展开。在我离开加州前布莱恩和我做的是标准的调查问卷。我非常熟悉这些问题。

在我开始提问前我把自己观察到的东西做了笔记。伊诺桑的房子是用泥巴和树枝做成的平顶方形结构，它并不比理查德的皮卡车大多少。屋顶晒着玉米粒，干了以后就可以在附近的市场出售。前门就是一层薄布。房子有几个小窗户，但没有玻璃。通往房子的地面已经用扫帚仔细地扫过，泥地上还留着扫把留下的痕迹。屋前挂着一串串的装着土的旧酸奶杯子，一些细细的不过一两英寸长的绿豆芽从瓶口钻出来。我不由得想起了我父母在宾夕法尼亚的房子的露天平台上的吊篮，那些重重的吊篮种着鲜花、蕨类植物、常春藤，吊篮上还长着绿色的苔藓。

我快速记录着她和她的家庭状况。我发现她家的小屋子是泥巴做的而不是烤砖或混凝土块，她的家是泥巴墙。我发现了另一间屋子是茅草屋顶，而不是铝片。我发现她的家人都有衣服穿，但孩子们虽然没有赤身露体也穿着衣服，但都是比较破烂的旧衣服。

然后，我开始了采访，理查德做翻译。

我：再次谢谢你花时间接待我。根据调查需要，你能再告诉我一次，你的全名是什么？

伊诺桑：我的名字叫姆旺加·伊诺桑。

我：您的年龄？

伊诺桑：我37岁。太老了！（她笑了起来。）

我（看看那6个大眼睛的孩子，他们羞涩地看着我，我向他们点点头）：这些美丽的孩子们都是你的吗？

伊诺桑（笑）：是的。他们都是我的。孩子太多了。

我：你能告诉我他们的姓名和年龄吗？

伊诺桑告诉我6个孩子的姓名和年龄，从2岁到11岁不等。最大的3个孩子是女孩，一个男孩到了该上学的年龄，而其他两个太小还不到上学年龄。

我：那么，你的4个孩子到了上学的年龄。这些孩子都上学了吗？

伊诺桑：只有最大的男孩上学了。他今年 8 岁。

我：但上学的不是女孩。

伊诺桑：不，不是女孩。

听到这样的回答，我并不应该感到很惊讶。对于无法送所有子女上学的家庭来说，还是会先让男孩子上学。

我：将来你打算送女孩上学吗？

伊诺桑：是的，是的，接下来她们就要上学了。我现在没钱，但我们的日子正在好转。我很快就能送她们上学了。

我：还有什么其他的变化？

伊诺桑：首先是我们的茶里有糖了。这非常好。然后蚊帐和……

我：对不起，我要打断你一下，但你是说糖，对吗？

伊诺桑：现在您可以尝尝！就是你的茶。我们现在喝茶都会放糖。

我（抿了一口茶，表示我明白她的意思）：是的，非常不错。你们以前喝茶不放糖吗？

伊诺桑：有时候会放。但现在我每一天都能喝得起这种放糖的茶。我用乡村企业基金资助的 100 美元做生意，赚了钱就先买了糖。

我：好吧。你能告诉我你为什么要这样做？

伊诺桑：我有糖了，我可以喝放了糖的茶，也可以送给邻居尝尝。还可以邀请他们到我家，请他们喝茶水。我感到很骄傲。

这是我第一次听说在茶里放糖的重要性。这不会是最后一次。

在伊诺桑之后，我拜访过的其妇女也都有类似的情况。因为家里有糖，伊诺桑就可以把别人邀请到家里来，这样做让她和别人有交往而且让她觉得自己很重要。糖能够让她产生更多的信心，加强邻里关系，最终让她在自己的社区里成为核心人物。

我经常想到这个小细节，因为它让我学到非常重要的一课。我来到东非就是想有所收获，想听听人们的心声。以前我觉得自己知道如何来帮助在当地见到的这些人。几个星期前刚刚抵达肯尼亚时，如果我被赠予了某种神奇的魔杖，我会理直气壮地挥起它，因为我相信自己知道如何帮助人们解决问题，改善他们的生活。但很快我就意识到自己错了。我关注的重点不是他们关注的重点。在改变他们之前，首先是我要改变自己。

我需要了解对于他们来说什么是最重要的。我了解得越多，我就会做得越好。

例如，在一个拥挤的、庞大的贫民窟中，某个家庭可能会骄傲地让别人看他们门上的挂锁。木头门框的金属门是家里的最结实的地方，房子的其他部位可能只是些木板、树枝、废铝板和塑料片。尽管他们的房子并不坚固，但是大门上的锁使他们感到很安全。这样的细节对于我来说并没有什么特别的意义，但对于我访问的那些人来说则意义重大。一旦我明白了这一点，我就开始关注这样的情况，几乎每天我都会遇到类似的例子。例如，一个女人让我看一个停摆的钟表，她把钟表当作一个美丽的、复杂的装饰品挂在家里的泥巴墙壁上。另一个男子得意地指着地板上的床垫让我看，这个床垫是他们家唯一的一件从商店买的家具。晚上，他的妻子和四个孩子在床垫上睡觉，而他就睡在旁边的地板上。有些人用挣来的钱享受了一些服务，我一开始根本猜不出来，都是些诸如租牛犁地或者第一次坐出租自行车进城这样的事情。

伊诺桑教会我的是：让别人自己来决定他们想要什么，无论他们的选择多么令人惊讶。我总是想对要访问的人做出假设。采访的人越多，我看到他们之间的相似性和共同点就越多，特别是那些做类似的生意或者住在同一个村庄的人。在调查中，我经常会向前追溯他们的故事，常常会得到意想不到的答案。我不仅要了解那100美元对每个人的影响，还要了解在每个创业者心目中他们发生的最显著的变化是什么。在和每个被访者谈话时，正是这种心理让我能够敞开心扉学习到以前所不知道的东西。

随着时间的推移，我听了，我学习了，我被改变了。

裂痕弥合

我在东非的经历彻底改变了我对贫穷的理解，让我重新审视自己在扶贫工作中所担负的责任。经过这么多年的摸索，我终于明白什么样的工作有意义，什么样的工作没有意义，以及这些对于我来说都意味着什么。

例如，我发现很初级的商业培训加上一点点的资金，就可能会帮助一个有想法的人脱离贫困，而且这个人可能会带动更多的人和她一起摆脱贫困。平均来说，乡村企业基金每100美元的扶持会直接影响15个人的生活。更进一步说，一个家庭发家致富了可能会影响到其他家庭，甚至会激励整个社区发生改变。

　　我发现在肯尼亚、乌干达和坦桑尼亚，无论到多么偏远的村庄访问，他们的移动网络都相对发达。在东非时，我的手机在哪儿都有信号，即使在不通电的地方也有信号。我一直和亲友们保持联系，并可以和他们分享我的经历，跟他们介绍我的新朋友等。不止一次地，我把手机递给我刚认识时的创业者让他们和马特（已在旧金山）或我住在宾夕法尼亚的父母说话。

　　尽管网速比较慢也不太顺畅，很多小城市的网络还是超出了我的想象。有些村子离带网络的咖啡馆会有一个小时车程，即使是在这样的村子里，也有人想和我交换电子邮箱地址。他们可能会隔几周出村去查收一下邮箱，但不管怎样他们已经有了和世界交流的意愿和能力。

　　也许最重要的是，就像尤努斯描述的那样，我开始相信，每一个努力工作的穷人的故事都有不为人知的另一面。我不能用穷人来定义在东非认识的新朋友。他们是聪明、勤奋的创业者。他们的故事不像我在小时候听到的穷人的故事那样充满着痛苦和绝望，让我总是心存愧疚。当然，他们为了生活而苦苦挣扎，但是他们充满希望、坚韧地带着骄傲生存着。他们激励着我。

　　值得注意的是，我在东非采访的创业者中没有任何一个人向我要钱或要捐赠。他们想要别的东西：贷款。为什么要贷款，而不是捐赠？我采访的创业者都说他们想感受真正的商业自主性和所有权。他们想要通过自己的努力来感受一下独立和坚强的感觉。

　　在大多数情况下，贷款会被妥善利用。有时候一些商机非常明显也很巨大，只是需要解决资金问题。在我访问过的一个特别偏僻的乡村，一个创业者指出，村里没有商店销售肥皂、食用油、煤油等日用商品。村民们只好每天步行几公里到邻近的镇上买他们所需要的简单物品。当地明显地存在着市场，那些想成为创业者的人都有所准备。他们所需要的就是资金。

在东非的那段时间，每当我和朋友、家人分享我的经历时，绝大多数人都报以惊人的热情。当然，我一直与马特密切地联系着，并且我们一直在思考：如果我们真的帮助那些创业者拿到贷款会怎么样？如果我们自己以某种方式找到钱，然后借给他们会怎么样呢？这种捐助只需要几百美元，我们的朋友和家人愿意凑钱，并且提供这种资金吗？如果我们能够保持与创业者的密切联系，记录他们的故事，跟踪他们的进度，并时时鼓励他们，这样做会怎么样？

我认为，这些鼓舞人心的创业故事的关键是获得贷款。很显然，每一个故事都很特别，都能激发人们加入到帮助穷人摆脱贫困的事业中。我以前的那种距离感和隔膜感，我和公益宣传册中以及电视节目中的穷人之间那道深深的裂痕已经开始弥合。我希望其他人也能体验到我的这种感受。

听到一个穷人的故事，感到悲哀，捐赠几块钱，随后忘记这件事情。

听到一个勤奋的创业者的故事，感到鼓舞，借给他几块钱，保持联系，得到回报，并且最后你可能会比以前更加关注公益事业。

当我从东非回到家里的时候，我对自己想做什么有了一个清晰的思路。我想创造一种方式让我们的朋友和家人体验到这些创业故事的魅力。然后我想给他们和以前不一样的扶贫模式：不是捐赠，而是贷款。

牧羊人塞缪尔：眼见为实

马里，基塔附近

2007 年

　　那是一个傍晚。白天的燥热慢慢消散，空气清凉，黄昏里灰金色的光让一切看起来都朦朦胧胧的。塞缪尔坐在我面前，用温柔的声音低声讲他的经历。他的存在让我们周围的一切似乎都笼罩着一种平静的感觉。远处参差的树木看起来很稀疏。山羊和绵羊停止了混战，分散在满是尘土的地上。远方的风在地平线上隆隆作响。

　　对塞缪尔漫长的采访在那天下午很早就结束了，我现在只是坐着，享受与他交谈的乐趣。塞缪尔的家很难找，要走过一些蜿蜒曲折的道路才能到他的家，也只有在马里这样的路才能被称作主干道。塞缪尔是当地贷款机构的一个客户，而 Kiva 有意和这个机构合作。因此，那天这个机构的一个代表和我一起调查，这样我就可以看看他们的工作，见见他们的一些客户。我们到的时候已经是傍晚了，经过比我们想象的时间要长的几个小时的旅程，我们感觉非常疲劳。塞缪尔朝我们走来时身后就像跟了一个动物园（山羊、绵羊、鸡和其他动物），像一个现代的圣弗朗西斯。

　　塞缪尔告诉我，他从父亲那儿学会了饲养各种动物。他学会了观察每种动物的行为和偏好，知道怎样喂养各种动物。动物生病他也能看出来。他知道什么时候为动物们准备交配，也知道怎样给动物接生。塞缪尔给我讲了很多动物的故事。他知道每只动物的个性和特点。他知道哪个是最调皮的，只要一围上新围栏就要跳出来逃跑。他知道哪个最强壮，他喂食的时候，最强壮的这个总要把别的动物挤开抢食吃。他知道只要一声哨响哪个就会马上跑过来，他也知道哪个容易受惊。塞缪尔小心翼翼地维护动物之间的和平。他可以很轻松地走近的这些动物，猜测动物的下一步动作，并且能很容易地抓住一只鸡或以优雅的姿态挤牛奶，而且挤奶速度比我见过的任何人都快。

塞缪尔的生意没有多少特别之处。他这样的小生意我不仅在马里见过，而且在整个非洲，例如加纳、科特迪瓦、塞内加尔、摩洛哥、埃及、卢旺达和赞比亚，甚至非洲以外的世界各地的几十个国家都有这样的小企业。塞缪尔是一个简单的牧羊人，他的生意让我想到了我之前见过的其他牧民、育种人和农民。

我也知道塞缪尔很可能永远不会积极地扩展自己的业务，或者在生意上表现出任何显著的创新，或者成为传统标准上的成功企业家。从传统意义来说，塞缪尔身上看不出取得商业成功的诸多迹象。但是，塞缪尔有自身的特别之处，而且刚一见面的瞬间我就被他吸引住了。他有一种风度。他观察这个世界，看到了这个世界的特别之处，他看到自己周围的每一个生灵的特别之处。他是观察世界的大师，能注意到别人错过的细节。他欣赏那些细节，发现其中的意义，让人感悟到一种奇迹和希望。正因为如此，他就像是一个动物专家，和动物之间有一种天然的联系。他心怀敬畏，尊重动物，欣赏动物。这种态度深深地影响着他对待动物的方式，影响着他跟我谈论动物时的口气，也是这种态度让他真正地关心动物。

我再重复一遍，他对动物的态度影响他对待动物的方式。塞缪尔认为他的每一只动物都是来自慷慨的上帝的礼物。每只动物都是宝贵的，是要珍惜的。

塞缪尔提醒我，我们对另一种生灵的看法将决定我们怎样对待它。如果我们觉得他人是值得珍视的，是值得尊敬的，是有能力的，我们就会认为，他们的生活是很重要的。我们就会相信，他们有很大的潜力。而我们的行为将证明这一点。如果对这同一个人我们有别的想法，比如我们觉得他们是微不足道的，不值得尊重的，没有能力的，我们的行为就会暴露我们的观点。有时候，我们的行为对于他人来说没有太大意义；但有时候，我们可以控制甚至限制别人的选择。直接和间接地，我们制定的规则对双方都有约束和限制。也许我们应该鼓励，允许或者给予别人更大的自主性。

我们对他人的看法可能会限制他们的发展，也可能让他们自由地追求卓越。塞缪尔让我记住了这个真理，激励我多花点时间和精力来关注自己周围世界的特别之处和特别之人。

第四章

无须等待，立即行动

法律不允许

　　我坐在律师的橡木办公桌对面。律师双臂交叉，紧紧地抱在胸前。他轻轻地挑动了一下眉毛，好像从我嘴里说出的每一个字都让他有所质疑。我甚至希望他立刻打断我，并且说出他的想法，"你不要这么严肃，这没用！"这句话的效果可能会更好些。

　　律师给我半小时的时间，而我要支付给他20美元。这是旧金山律师事务所的一项特殊业务，所以我们要充分利用这个机会。我告诉他我想建立一种渠道让我在美国的朋友借钱给乌干达的朋友。一听到乌干达，他就打断了我。

　　他的手重重地敲在桌子上，冲着我喊道："你不能通过互联网借钱给其他人！""难道你不知道美国证券委员会？""难道你不知道《爱国者法案》？""你真的打算审核每一个牧羊人和每一个农民的信息？"他问了几十个类似的问题。

　　几分钟后，他停了下来，靠在椅子上，喘了口气，说："看来，我没法帮你了。从法律上来说，你想做的是不可能的。"显然，一个人借给另一个人钱不是这么简单的事情，尤其是借钱的人生活在非洲，而且还是通过互联网的方式来运作。

虽然我的时间还没到，但他已经站起身来，我也跟着站了起来，他把我送出了办公室。当我转身向他致谢的时候，那个律师突然像父亲一样，在我的背上轻轻拍了拍，说："好吧，祝你好运！"然后，突然之间，他的表情由同情转为严肃，说："哦，对不起，我差点忘了告诉你，你可以直接付给我 20 美元，现金就行。"

这可能是一个月内我和马特跟律师的第十次会面，这些律师要么是免费要么是费用很低。和我们碰到的其他律师相比，这位的态度还算是友好的。过去的几个月时间里，我们在这种 20 美元一次的会面上已经花了几百美元，我们决定停止这种咨询。

问题是很多律师一跟我们交流，就发现了同一件事：风险。我和马特都很年轻，都是想尝试新事物的梦想家。律师受过的训练是让他们看到困难并且要帮助人们规避风险，而创业者是培养自己看到各种可能性并且尝试冒险。如果一个真正的律师和一个真正的创业者在一起，肯定会产生观念上的对立。

最后，在拜访过 40 个律师之后，我们遇到了一位主动请缨帮助我们的律师，基兰·艾因。她在宾汉律师事务所做律师，帮助我们建立了 Kiva 这样一个 501（C）（3）（美国税法的一个条款，志愿者组织免税）非营利组织并且多年来一直不断地为我们提供支持和服务。基兰看到了我们的与众不同之处，和她所担心的风险相比，她相信我们创新的、骇人的想法有着巨大的潜力。

和律师的会晤教给我们很多意想不到的东西。我们发现尽管有时请教专家的意见很有必要，但终有一天，我们还是得自己做出是否要继续做下去的决定。律师只能指出我们在追求理想时会遇到的障碍和潜在的风险。发现风险是律师的工作。反过来，我们则要权衡这些风险并且找到解决困难的方法。我们不只是要倾听律师的意见，还要根据这些意见确定自己要做什么，就像我们也会倾听其他人的意见或建议一样。我的意思不是说我们突然成了国际借贷、资金交易或者其他法律事务的专家，但我们应该学会把律师的意见作为一种工具，而不是这个充满无限可能性的世界上的终极真理。

当我们做出选择，开始做事的时候，我们必须决定对我们来说什么是最关键的。有些人决定不惜一切代价来避免风险，我们不是那种人。我们选择坚持下去，我们还要让前进路上的奋斗更有意义。

我们花了一些时间从很多律师带着悲观情绪的评论中筛选出有用的法律信息。慢慢地我们找到了要咨询的问题。Kiva 贷款是不是证券（算是一个投资机会）？如果是这样，我们就要满足证券交易委员会（SEC）的很多要求，并承担证券经销商所有的额外责任和经营成本。这不是我们的初衷。由于没有个人对个人进行网上贷款的先例，我们很难从合作律师那里找到明确的答案，所以我们拿起电话直接打给美国证券交易委员会咨询一下他们的意见。

让我们吃惊的是，他们非常乐于回答我们的问题。他们的回答帮助我们树立了足够的信心，让我们做出要提供贷款的重要决定。从谈话中我们获得的重要信息是：如果让人们借钱给我们在乌干达的朋友，利息是零的话，我们就可以不受制于证券交易委员的一长串规定。我们决定推广利息为零的贷款产品。

赞助一个创业者

在还不知道自己的计划在法律上是否可行时，我就开始主动打电话给银行家、经济学家、技术人员和非营利组织的领导，而且坦率地说我愿意给任何一个肯花时间和我交流的人打电话。随着交流次数的增加，我和别人的沟通逐渐变得非常顺畅，不仅因为我能够更好地表达愿景，还因为我更加善于观察人们对这件事情的回应。

最初关于 Kiva 的几次谈话中，我都会直接切入主题，简单地解释我们的理念就是让美国人资助东非的微型企业。难道这不是一个听起来很棒的主意吗？

接下来会发生什么呢？通常是我会花剩下的时间来回答问题，并且还要澄清我的意图。不，我们不是要人们去捐款，这将是一个贷款。是的，即使非常穷的人也可以拿到贷款。是的，实际上许多穷人更愿意得到贷款而不是捐赠。是的，原来也有过小额贷款模式，他们已经有至少数十年的成功经验。不是，借款人不是让贷款人减免税款，再者，我们讨论的贷款，不是免税捐款。不是，贷款人不会通过贷款而赚钱，它也不是一个投资项目。这只是一个零利息的贷款行为。不是，贷款不会被整合为某种类型的资产，它们将一次性地直接贷给个人。是的，我真的认为有人愿意把他们辛苦挣来的钱免费贷给他们不认识的一些人。是的，我真的相信，科技能帮助我们联系到那些似乎很偏僻的乌干达农村。是的，我们要做的是：从很多不同的人那儿将小额资金筹集起来，让每笔钱都成为一笔贷款，而不是"找到一些发了财的孩子，就像谷歌的那些家伙，立刻让他们捐款 1 000 美元"。虽然这样做可能会更高效，但这不是我们想要做的。

这样的谈话没完没了，可悲的是，很多人离开的时候仍然带着疑惑。很显然，我的一些办法没起作用。

我又走近那些看起来很迷惑的人，并且听听他们的反应——他们最真实的反应。有些反馈是很难听的，但是他们让我看到了更多原来没有看到的东西，我没有使用准确的语言把意思表达给我的听众。在 2004 和 2005 年，小额贷款不是一个受欢迎的或者被广泛理解的概念（在 2006 年情况有所改变，这得益于尤努斯博士和他的格莱珉银行获得"诺贝尔和平奖"），所以我不能再对行业以外的人使用小额贷款或微型金融等字眼。我也不跟人谈论众筹资金，虽然这个字眼几年之后成为家喻户晓的一个词。我几乎跟每个人都要从头开始讲述这些事情，以及这些事情到底是怎么回事。很多人从来没去过非洲，即使去过，也仅限于在开普敦逗留一下或者是一周豪华的野生动物园旅行。让一个人把钱汇给"那边"某个村的某个人，还要从那个人那儿收回钱来，这些想法对这些没有去过非洲的人是很难以想象的。而且大多数人也不理解，这么小的金额怎么可能被用来帮助一个农民或裁缝发展他的生意。我不得不向人们解释这些话题。

另外，我发现对每个人用准确的语言讲述是第一步，我还要通过故事让人们从漠不关心发展到理解。同样的故事会让一些人很感兴趣却让另一些人感到厌烦，所以我得针对不同的人描绘出一些不同的画面。

我尝试这种新方法，从对方熟悉的事情入手开始我们的谈话。然后我慢慢调整话题，一次一个内容，让它更加接近于我要交流的话题。我得满足他们每个人的需求，设身处地站在他们的立场，为他们着想，吸引他们体会那些对我有利的观点。

例如，当我和一个专业投资人谈话的时候，我会说这样一些事情："像你所知道的，一些企业在硅谷创业的时候需要资金，他们可能去一个风险资本家或一个天使投资者那里募集资金。现在，不是企业而是一个柬埔寨的裁缝。她需要的投资规模不是成千上万美元，她只需要几百美元。她的投资不是来自某个基金，而是直接来自于个人。噢，这不是投资，只是个人借钱给她，贷款人的利息是零。而且把整个过程都放在网上。"大家都熟悉的故事是：一个高科技企业家在沙山路投简历寻求百万美元投资。这个故事突然变成一个向裁缝投资 25 美元。他们都明白了。

当我和技术专家谈话的时候，我就从我在东非遇到的移动互联网的奇闻趣事开始，然后说自己是多么想和在那里的朋友保持联系，不仅仅是通过交换信息，也通过贷款。那些相信科技是万能的技术人员都同意我们的假设，互联网可以促成这件事儿；到了这一步，他们只是需要我给他们解释几百块钱可以让一个勤劳的卢旺达鸡农做什么。他们都理解了。

当我跟一个普通的商人交流时，我让他们想象贷款人和借款人就像是易贝上的买家和卖家。只不过，买卖的商品不是一辆旧自行车或一套星际迷航糖果盒的收藏品；借款人"卖"给你机会让你借钱给她。

当我跟非营利组织的筹款人员或开发人员交流时，我就说我们不是依靠一大笔钱来做一个项目，而是很多人投入少量的钱，25美元一次。我还引用他们圈子里的一个著名的儿童资助计划，跟他们解释说，人们不是赞助一个孩子而是赞助一个创业者，并且几个月后人们就会拿回他们的"捐赠"。

我调整了自己的语言并且仔细地选择了我要讲的故事，人们开始有了回应。虽然关于 Kiva 的设想没有得到任何人的热情鼓励，但人们不再气呼呼地赶我走了。看上去人们想要一点一点地了解我，他们的反应有了变化，甚至有些人似乎喜欢听我说的那些话。我的信心大增。

当我和马特有幸见到联宇投资的首席执行官杰夫·戴维斯时，幸运降临了。联宇投资专门针对高速发展的小额金融机构进行大规模投资。杰夫肯定知道相关领域的前景。我们请求和他通 15 分钟的电话，而杰夫的回应超出了我们的想象，他预留了两个小时和我们面对面地交流。

我们飞到西雅图和杰夫见面，能够和自己敬仰的小额信贷先驱交流让我感到有点头晕，有点忐忑。见到杰夫几分钟之后，我们的紧张感就消失了。他让我们感到舒适，感到自己得到了尊重，甚至让我们感觉自己是非常重要的。

我们带着一张纸的说明，介绍我们的观点。因为我们是在和一个小额金融专家交流，所以我们详细地介绍了整个过程将如何在当地运作。我们告诉杰夫，我们想建立一个新型的网上平台，以无息贷款的形式让人们赞助非洲的创业者。谁想成为贷款人谁就可以浏览相关创业者的简介，然后提供资金，随时得到有关创业者更新的信息，最后收回资金。在创业者/借款人方面，我们会和现有的小额金融机构合作，来确定需要资助的创业者，在网上发布他们的信息，并且妥善管理贷款。提供贷款资金的贷款人能够在网络上与借款人保持联系，而且能收到借款人在业务进展方面的实时更新。

　　杰夫针对怎样与小额信贷机构建立和保持良好的合作关系，问了我们一些非常好也非常棘手的问题。对于他的许多问题，我们都没有答案。为了帮助我们考虑清楚，他站了起来，走到办公室的白板旁，开始画小额金融领域的示意图。他用圆圈和方框代表世界各地不同类型的小额金融组织，还有支持这些小额金融机构的组织，和资助这些组织的其他机构，以及各种其他的相关群体。他给我们解释相关问题，如小额金融咨询团队、小额金融网络、技术服务提供商、评级机构、银行、政府监管机构，等等。他谈到什么能激励一个团队或组织，什么会威胁到他们，他们和谁的合作关系最为密切。杰夫的解释帮助我们考虑清楚了自己的目的和需求，以及所要面临的挑战和激励机制，这些都关系到我们如何开展今后的工作。对于我们即将进入的领域，他给我们画了一个草图，并且告诉我们这个领域是如何运作的。这次交流打开了我们的视野，让我们了解到这个领域是多么广阔，还帮助我们找到了自己的定位。

　　几个小时后我们离开杰夫的办公室，我们仍然需要学习很多有关小额金融的事情，还要学会如何适应这个领域，但我们的视野产生了关键性的扩展。（多年以后，杰夫成了Kiva最活跃的董事会成员之一。）

点击发送

　　虽然我们已经取得了重要进展，2005年的春天我和马特还是碰

了壁。近一年来我们做了无数次的电话推销，花时间做研究，撰写
商业计划书，花很多时间和别人交流，但工作进度开始放缓。其他
事情似乎占用了我们越来越多的时间。我承担着乡村企业基金和其
他一些非营利组织的顾问工作，马特在电视技术录制公司有一份全
职工作，他的公司那时还在开发数字硬盘录像机。我们做了充分的
准备，但还是出现收益递减的情况。所以，我们必须做出最后的决
定了。

我们选择了做自己的事业。所以，2005 年春天我回到乌干达
招募 Kiva 贷款平台上的第一批创业者。

到东非的飞机票又一次成了难题，于是我做两份不同的工作，
来支付我往返的机票。我计划第一周给乡村企业基金做导游，带着
十几个捐助者在这个地区参观一下，让他们看看自己的捐款在当地
人的身上产生了什么样的效果。我们要参观一年前我到过的肯尼亚
和乌干达的几个村子。然后，剩下的时间我替另外一个小型的非营
利组织赞助的"猴面包树项目"工作，这个项目所提供的捐款都用
于高中女生的创业活动。最后，这两个任务都完成后，我会再多待
一个星期。我要去前一年逗留很久的乌干达托罗罗附近的村庄，招
募 Kiva 要赞助的创业者。

在托罗罗，我找到了好朋友摩西·奥尼，他是一位牧师和乡村
企业基金的志愿者。他看上去是社区里人脉最广的人了。一年以来
摩西和我一直保持联系。他是一个精明而且有远见的人，渴望探索
他周围的世界。我知道，每隔几天，摩西都要去城里的有互联网的
咖啡馆。在村里只有他一个人这么做。我带了一台数码相机，让他
带我去见见几个月前我拜访过的那些人，这样我就可以了解他们的

故事，了解他们目前的资金需求。

我和摩西带着廉价的数码相机跑去乌干达农村，给我们的第一批创业者拍照，他们每个人只需要几百美元的启动基金。这次拜访让我再次见到了诺拉·鲁辛迪，上一次我在东非时她给我留下深刻的印象。我在她的小餐厅里坐了下来，她给我端上丰盛的一餐饭：豆子、大米、恰巴提（一种本地制造的甜面包）和茶。诺拉兴奋地告诉我只要有 300 美元的贷款，她就可以购买更好的餐具、盘子和杯子，还可以购买一些基本的建筑材料来扩建她的小饭馆。她觉得一旦有人听到了她的故事就会贷款给她。她非常有信心获得贷款，因此很正式地送给我一个黄色的旧塑料杯作为纪念，这个杯子就象征着那些只要一拿到贷款她就会摆脱的困境。直到今天杯子还在我这儿。我还去了鱼贩凯瑟琳的家，她现在需要 500 美元进货，并且想在托罗罗镇附近开辟一个新摊位。尤尼斯·阿鲁普需要 300 美元做服装生意。贝蒂·奥博特需要 500 美元买牛，然后开一个肉铺。伊曼纽尔·阿哈布韦需要 500 美元扩大自己的农产品摊位。牧羊人阿波罗·库泰萨需要 500 美元购买更多的山羊。罗斯·莫贝尔需要500 美元做农产品生意。这 7 个人是 Kiva 扶持的第一批创业者。

我和摩西访问了所有这些人并且收集了所需要的信息，然后前往当地的网吧在一个笨重的旧的台式电脑前坐了下来，电脑上布满了灰尘，网速慢如乌龟。我们心里一边诅咒拨号连接一边辛辛苦苦地上传 7 张创业者的照片，一同上传的还有他们的故事和资金需求。马特前几周建成的网站地址是 www.kiva.org。

第二天，我把数码相机留给了摩西，跟他拥抱告别，坐上飞机回到旧金山。当我回到家，我给朋友和家人起草了一封电子邮件，告诉他们网站地址和我们的小项目。我们无法保证他们的贷款能被偿还。我们不能保证任何东西。但是，我们希望他们会加入我们这个实验，贷款 25 美元给地球那一端的 7 个朋友。

我们屏住呼吸，点击发送。

理发师齐卡：赌上一把

巴西，里约热内卢

2008 年

我可以告诉你我在里约的一天是怎样开始的，我也可以告诉你，这一天是如何落下帷幕的：太阳落山，在一个安静的社区中间，我身处一个活力四射的晚会上。周围是几十个贝莱扎自然美发沙龙的员工。他们跳舞，唱歌，欢声笑语，互相拥抱。女人们围成一个圆圈，我起先站在圆圈的边缘，直到贝莱扎当时是首席执行官也是联合创始人莉拉·维莱斯加入进来。莉拉抓起我的手，把我拉进圆圈中心。虽然我们几个小时前才刚刚认识，我还是笑着跟着她加入人群。她的热情太有感染力了！我要去跳舞！

这些在一起工作的女士经常发起这样的活动。2008 年，我去巴西做一个创业者白手起家的案例研究时，我有幸享受到这种欢乐时光。

贝莱扎的故事起源于莉拉的合伙创始人，赫罗丝·阿西斯，人们也叫她齐卡。齐卡在里约热内卢郊外的一个贫民区长大，家里有

13个兄弟姐妹，家庭非常贫穷。作为大家庭中的一个成员，她很小就学会了如何让别人听到自己的声音。她从小就很坚强和独立。

齐卡很小就开始干活帮助家里增加收入。一开始她做家政工作，干保姆、女佣和管家。后来，她又干了几年销售助理。但是，她知道自己对这些工作没有真正的激情。当她开始干理发师时一切都改变了。

在美发行业，齐卡觉得很有活力也很快乐。她很容易就能和客户搞好关系。女士们来到她这儿追求自信、美丽和希望，离开沙龙时她们感到身心愉快。对于齐卡来说，这是互动的核心。她给她们做的新发型或者新风格只是一种手段，她做的一切都是要让她们感觉更好。

齐卡给顾客服务时，她发现美容院提供的大部分产品并不适合巴西人天然卷曲的头发。大部分巴西妇女的头发都是这种发质，但是即使最好的产品使用起来效果也不好。令她感到沮丧的是，她始终无法达到顾客满意的效果：更顺滑，更蓬松。齐卡告诉我，其实客户觉得这并不重要的，她们甚至有一种"自己的头发用什么产品也都没有效果"的错觉。此外，头发最难对付的女性很多都是非裔巴西人或者混血儿，属于比较贫穷的少数族裔群体。她们住的地方通常远离富裕的市区，要来沙龙做头发就得花钱走很远的路。她们没有钱经常做头发，所以如果做的头发效果不好就会更加令人失望。

齐卡迫切地想要解决这个问题。她决定自己试着做产品来解决在沙龙里碰到的头发卷曲的问题。十年来，她和丈夫贾伊尔研究化学配方解决卷发问题，自制药水改善发质。齐卡从来没有学习过化学，但她坚持了下来，并且经过多年的反复试验、研究，聆听无数客户的反馈意见，她制造了她的第一个产品，一种让头发蓬松的产品"超级柔发水"。为了销售她的产品，齐卡和贾伊尔向嫂子莉拉和莉拉的丈夫罗热里奥·阿西斯寻求帮助。

总之，1993 年他们四个开了第一家贝莱扎自然美发沙龙，贝莱扎翻译成英语就是"自然之美"，因为齐卡和莉拉坚信，不管是否有钱来沙龙美发，每个女人都是美丽的，而且沙龙的美发服务就是要展示每个人的自然之美。她们的核心口号是"利用产品和服务，打造美丽而健康的头发，同时提升自信"。贝莱扎所做的一切是帮助女性发现自身的美丽并且要相信自己已经拥有美丽。

齐卡美发沙龙的口号，卓越的产品和特殊的头发处理工艺不胫而走。在短短几个月内，她的小发廊在里约热内卢蒂茹卡地区就吸引了很多的客户，远远超出它的接待能力。理发师们加班加点，尽量满足顾客需求。很明显，齐卡一开始就抓住了很关键的东西。

贝莱扎自然美发沙龙迅速扩张，非常受欢迎。齐卡自制的超级柔发水配方使贝莱扎成为佼佼者，但这并不是唯一的创新。接着，莉拉和罗热里奥想出了一个同样具有创新性的沙龙服务。作为前麦当劳的员工，他们决定推广一种像以前在餐厅见过的订餐服务那样的流水线服务：客户来到沙龙享受一个接一个的流水服务。现在，他们的七步服务程序是贝莱扎沙龙最受欢迎的服务。一名员工迎接客户；一名员工收钱；一名员工引导顾客坐下来等待服务；一名员工以顾问身份与客户交流；另一名员工为客户洗头准备使用第一轮的产品；等等。顾客看到这么多人尊重她们，接受她们，甚至感觉自己就是这个团队的一分子。贝莱扎自然美发沙龙提供的服务，特别是他们的精细化服务是无与伦比的。

　　由于超级柔发水的需求暴增，于是她们在巴西申请了专利并且在当地开办了自己的工厂，同时还有生产同一品牌的产品生产线。此外，该公司建立了一个久负盛名的培训中心训练专业人士。1999年技术开发中心正式成立，并提供课程让员工学习公司的宗旨、发展和价值观，以及贝莱扎自然美发沙龙的独家技术。每个新员工都必须至少完成礼仪、技术或管理教育中的一门课程。对于很多新人来说，在贝莱扎自然美发沙龙工作就是他们的第一次就业机会，因为该公司欢迎那些刚刚完成中学学业的人来工作。

　　贝莱扎自然美发沙龙受益于独特的多样性联合创业模式，特别是受益于莉拉和齐卡的领导，她们已经成为许多有抱负的女创业者的榜样。莉拉现任首席执行官，贝莱扎自然美发沙龙已经雇用了数千名员工。莉拉和齐卡成为巴西和世界上有影响力的领导人之一。莉拉是2011年"年度女企业家"，2013年齐卡被福布斯评为巴西十大最具影响力的女性之一。公司也持续快速发展，最近一份3 500万美元的投资使它的门店扩张至120家。这些门店将雇用15 000名员工，每年为全球数百万顾客服务，并且到2018年将会有5亿美元的收入。

　　莉拉和齐卡的创业之旅可以教给我们很多东西：合作伙伴关系、创新性、充分利用服务缺乏的市场，对我来说更重要的是她们的信心。她们的产品让女性感觉更加美丽，她们的沙龙旨在使客户有存在感。每一个工作人员都有荣誉感，都得到尊重和关注。

　　齐卡和莉拉始终相信自己，即使她们没有像一般人那样受过任何的正规教育。她们没有化学方面的学位，但她们有自己的实验室并且制造出名声在外的专利产品。她们没有得到过正规的教学指导，帮助她们设计培训方案，训练员工的专业知识。她们没有上过商学院为自己打造贝莱扎自然美发帝国做准备。齐卡和莉拉以前只是女佣和麦当劳的员工，但是她们知道自己拥有人生旅途中所需要的东西。她们没有让其他人或机构宣布已做好准备，或授予她们权利去追求自己的梦想。她们知道创业路上自己不需要任何人的批准，只要自己愿意努力。

第五章

接受生活的磨炼

未经证明的人

盖伊·川崎是一个著名的布道师。在2007年的一篇博客里，他写了一些关于Kiva的感受，这些感受非常深刻。这篇特殊的博客，题目是《给未经证明的人的开家银行》。他写道："Kiva创始者的理想背景应该是什么？是高盛的投资银行家，还是世界银行副行长或和平公司的副总裁？或者是洛克菲勒基金的副总裁还是麦肯锡的合作伙伴？斯坦福商学院的临时助理又会怎么样？因为这就是杰西卡的追求。"

这是真的，在当时，一个伟大的创业者在创业之前应该有的头衔或资格，我都没有。但这些都没给我的生活带来困扰和改变，从来都没有过，因为我有太多的追求和我想做的事情。

我刚开始在斯坦福大学工作的时候，我把自己和每天接触的令我着迷的学生相比，他们很多都是从顶级的名校毕业，几乎每个人都拥有像珠峰探险一样超乎寻常的令人惊叹的奖项和荣誉，在一件又一件事上创造出数不清的业绩。一些人在进入斯坦福大学之前就曾经成功地创办过企业。另一些也会在毕业后继续取得成就。我非常钦佩这些学生，并且发现他们有一个共同的特点：工商管理硕士。很显然，他们认为这是下一步努力的目标。所以我把他们和斯坦福的工商管理硕士课程联系在一起，想象着商学院的毕业生应该做的事情。我觉得如果没有这个课程，我永远也无法成为我自己。我想对自己说："如果我是这里的学生并且知道他们所知道的，我一定能够做出一些令人惊叹的事情。"

我这样反复地对自己说，并且最终决定冒险开始申请课程。我现在知道第一次开始申请的时候，我的想法是多么的幼稚可笑，我不知道这个学位实际上能帮到我什么，我只是相信如果我在简历中加了"MBA"（工商管理硕士）这三个字母，奇迹就会在我身上发生！

听了尤努斯博士的演讲后，短短几个月里我的思想发生了很大的变化。2003年秋末，我主动找到小额金融机构并寻求机会参与他们的工作。我完成了斯坦福商学院工商管理硕士的申请并解决了一些其他问题（我显然对学校事务不太热衷）。一交上申请我就转入东非的乡村企业基金工作。在乡村企业基金工作的几个星期里，我完全沉浸在工作中。当我在托罗罗的一家网吧里查看邮件时，我看到了来自斯坦福大学商学院的官方消息，一种预感涌进脑海。

因为电子邮件拨号连接加载异常缓慢，我开始有些忐忑，我被录取了吗？还是我没被录取？我将要干什么？我下一步怎么办呢？

一个明确的念头在我的脑子里出现，"没关系"，这不是无可奈何的借口。相反，它提醒我放手一些自己不能控制的东西，并且要了解生活中将要发生什么。我可能无法选择进入一个理想的学校，但我可以选择做自己想做的工作。

也许这种想法是一种防御机制，也许它是神的启示。无论哪种方式，它都是清晰而且无法忽视的。在这之前的几个星期，我被当地那些愿意把握机会创造属于自己的美好生活的创业者们包围着。制砖人帕特里克在一无所有的情况下仅仅是用脚下的泥土就能建起充满生机的企业，难道如果斯坦福拒绝了我的申请，我就会停止追求自己的梦想吗？既然我认识的那些农夫、裁缝、面包师和卖菜者没有受过中学教育也都取得了很大的成绩，为什么我得等到拿到工商管理硕士的证书再去做我想做的事情？没有别人能决定我的生活，即使是我梦寐以求的学校也不能决定我未来的生活，除了我自己，那么，下一步我该怎么做呢？

突然，我非常肯定地想到，我是唯一知道问题答案的人。不管别人认为我是不是有经验、是不是有资格或者够不够聪明，如果我用别人的评价标准来评价自己的行为，我就会永远限制自己的发展。不管那个人是谁，行政主管也好，未来的雇主也好或者任何善意的质疑者也好，我都不能让他们的评价影响我。现在，在东非，我正在经历一生中最大的冒险，我感觉自己比以往任何时候都更加振奋。如果我再不努力地做点事情，就会落后于整个世界，下一步我该怎么办？

电子邮件终于打开了，我马上看到信件前几行的"不幸"一词。那个让我害怕的挑战就在我眼前。我是选择做自己想做的事情，还是要得到别人的认可？下一步怎么办？

我删除了电子邮件，起身走到外面继续做那天我正在做的事情。第二天，我又一头扎进了自己喜欢的工作。就这样日复一日地工作，过了整整一年的时间，我又一次坐到了托罗罗的那家布满灰尘慢得要死的电脑前。那天我再次等待商学院的回复，这是我第二次申请斯坦福商学院，而对于这次申请我则抱着完全不同的期望。当我检查邮件时，收件箱里没有任何关于申请的消息。但其实我到这个网吧是为了用我的数码相机和一台主机把第一个借款人的照片上传到 Kiva 的测试网站。

几天之后，我回到旧金山的家里，仍然没有收到来自斯坦福商学院的任何邮件。然而，一天下午，我的手机响了，原来是德里克·博尔顿，他是商学院招生办公室的主任。任何人都明白德里克打电话意味着什么，我如愿以偿地成为 2007 级的一名学生。

我敢肯定地说我在斯坦福商学院的学习，对 Kiva 的成功以及我目前所做的一切都有很大的帮助。我认为我的母校非常棒，它的影响力、校友会及所有课程都是很好的证明。但并不是我的硕士课程促成了 Kiva 的诞生。事实上，如果我第一次申请就被录取而成为 2006 级的一名学生，我就会错过前进路上的重要一课，那就是不能因为等待他人的认可而停止追求自己的梦想。说实话，我可能会一直要忙着通过会计 101 课程而没有时间来推出 Kiva。

受再多的教育也无法让你觉得自己已经准备好了迎接新的工作。即使我已经获得硕士学位，我发现我自己还是需要学习小额金融方面更专业的知识。后来，等我对小额金融有了充足的经验后，我又发现自己需要更多的金融专业知识和更多的管理经验，然后还需要学习如何去协调工作。这样的例子不胜枚举。我们经常告诉自己准备好做一件事之前需要再多一点经验，但事实往往不是这样的。其实我们现在已经准备好了，就是现在，就在当下。

第一年

让我们回到那一刻，当时我向十几个亲友发送第一封电子邮件请求他们给最初的 7 个创业者发放总共 3 500 美元的贷款。我点击发送，然后等待回信。

我们没有等太长时间，这些钱几乎没过夜就打过来了。我们立刻发给在乌干达的第一个专职信贷员摩西，然后他会把钱贷给每一个创业者。

在接下来的几个星期里，摩西频繁地发来各种新信息，不但包括业务的发展和还贷的情况，还包括创业者丰富多彩的日常生活。他写雨季损毁了人们住的土屋，写为什么那天贸易中心比平时忙，写乌干达的一个农村家庭吃大餐庆祝复活节。更新的主题变成我们和已经成为第一批贷款人的亲友们交流的话题，他们觉得和自己资助的创业者之间的联系越来越紧密了。

几个月后，我开始了在斯坦福商学院的第一期课程，而 Kiva 的第一期贷款也收回来了。对于卖鱼的凯瑟琳来说，500 美元的贷款能让她卖各种各样的鱼。并且，用她的话来说："可以送孩子去上学，买两头牛和五只山羊，还可以开个储蓄账户。"她的生意影响了 11 个人。很明显，我们的实验虽然很微小，但已经对人们产生了实实在在的影响。

2005 年 10 月中旬，我打电话给摩西，问他能不能通过网站给我们找到更多的借款人。几天之后，我和他一起上传了下一轮借款人的资料，我再次向家人和朋友伸手借钱。我们删掉网站上的"测试版"字样，在网站上刊登了克里斯塔·范·卢恩为我们写的简短的新闻稿，Kiva 正式开始运作。

起初没有任何事情发生。还是原来加入我们的十几个亲友忠实地浏览网站，新的贷款来自一开始的几个贷款人。但几个星期后，事情发生了变化。

11 月初，有几个博客介绍了我们的项目，后来又多了一些，最后数百个博客对我们做了介绍。到 11 月中旬，两个非常有名的博客，每日科斯和波音波音，推出了 Kiva 专栏。短短几小时的时间就造成了我们网站贷款渠道的拥堵，我们赶紧设计了醒目的网页解释贷款逆差情况，并且半夜里打电话给摩西看能不能马上找到更多的创业者。

宣传报道很快从最初的博客发展到主流媒体的报道，《华尔街日报》、美国有线电视新闻网、英国广播公司、美国广播公司和全国公共广播电台都进行了报道。当启发我进入小额金融领域的穆罕默德·尤努斯在几个月后获得了"诺贝尔和平奖"时，有些文章介绍他时也提到了我们。

Kiva 在第一年就得到了全世界范围内人们的持续性的支持。几个月前我们还无缘结识的一些技术人员和非营利组织的领导人也开始关注 Kiva，并且赞扬 Kiva 的工作。我们申请成为一家 501（C）（3）非营利组织而且最终获得批准。领英的创始人雷德·霍夫曼加入了我们的董事会。

时间飞逝。在我们推出这个项目一年以后，美国公共广播公司的前线世界播出了介绍 Kiva 的 15 分钟纪录片，一时间巨大的浏览量使网站崩溃了三天。一经修复，一个星期里 Kiva 就贷出250 000 美元。从另一个角度看，我们之前一整年的贷款额度都不到 500 000 美元。而在一个月以后，我们已经提高到 100 万美元。

工作中的插曲

当 Kiva 的贷款跨过了百万美元的门槛时，我记得自己曾惊叹在这么短的时间里发生了如此大的变化。我也记得曾经嘲笑过自己，因为整个事情没有崩盘，这简直让人难以相信。尽管我和马特非常勤奋地工作，工作状态还是很凌乱。但是我们没有因为凌乱的开始而感到难堪。事实上我们喜欢自己低调而充满斗志的第一年，让我们自豪的是，尽管我还很缺少经验，但我们找到了方法，打通了各种渠道。

比如，在我们的第一轮贷款中，我们的网站还不支持在线支付。（很多人就像我的祖母一样，没有用过电脑，但也想参与，她给我几张 20 美元的钞票让我借给别人）我们至今一直在用的商标，是一个朋友给设计的。由于支付不起设计费，我们采用物物交换的方式，送给他一把旧吉他作为报酬。当我们的网络下线时，或者说当我们向人家"蹭网"的邻居下线时，我们就前往当地的一个每天 24 小时开放无线网络的甜甜圈商店一直工作到天亮。由于一开始我们没钱给员工付报酬，我们恳求在硅谷的大型科技公司工作的朋友利用周末做好网站，并且请他们吃比萨却不给他们报酬。事实上，我们最早的员工往往几个月或更长的时间都领不到薪水，我更是两年都没有领过薪水。但不管怎样，我们还是把公司经营下来了。

任何一件有风险的事情，一开始都会面临很多困难。Kiva 的情况绝不是唯一的，很多初创企业在一开始都没有什么吸引力。你当然不会知道你会面对什么事情，接下来会发生什么。没有人能提前预知未来或提前筹划一切。大多数时候，你只要开始行动，并且愿意边干边学，并利用你的资源（不管有还是没有），采取措施开始推进。

不要因为你的第一稿、第一步或第一件事而感到为难。像史蒂文·浦莱斯菲尔德在他的《行动起来》一书中说的："做事情时有凌乱的开端是很自然的。婴儿就是在血液和混乱中降生；星星和星系就是在原始的大规模的灾难释放中应运而生。"一切大事都是从小事开始，那些小事开始时总是呈现出凌乱无序的状态。不要害怕这种混乱，没关系的，实际上这样更好些。凌乱的开端意味着你已经真的开始了，并且促使你去学习和成长。如果你感到动起来会比原来舒适的状态有点紧张，说明你可能正在向完美迈进。

你很清楚，不要落入和任何别人比较的陷阱。在 Kiva 运作的最初几个月，如果我们拿最初的 7 个贷款者和 3 500 美元与其他在线平台或其他小额金融机构相比较，我们就会感到自己的渺小和微不足道，就会感到气馁。如果我们带着一大串悬而未决的问题和未经证实的设想去和商学院的经典案例或任何大的、成功的机构相比，我们就会觉得自己很愚蠢。这是一个风险和经验并存的混乱阶段，而这也正是创业应该经历的阶段。

齐卡和莉拉从头开始制造护发产品是在厨房里进行的。当她们的工作处于无序和混乱状态时，当她们最初的尝试失败时，她们都也没有停止过努力。制砖人帕特里克做了同样的事情，他抓起面前的东西就开始做砖，实际上他的想法最终变成了现实。他用一次做几块的办法把泥土变成了砖。当你遇到困难或不知道怎样开始的时候，想想这些创业者，利用你面前的任何资源并开始着手去做。开始行动。迫使自己采取一个具体的步骤，任何步骤都会让你想做的事情变成现实。

你今天只要做点事情就比你什么都不做强！如果你今天开始做一些事情，明天你可以做得更多。当出现混乱和不完美的时候，也要拥抱它，接受它。挽起你的袖子，弄脏你的手，开始行动！

农妇康斯坦丝：我是香蕉

肯尼亚，内毕罗西部
2004 年

肯尼亚南部，一个闷热的 4 月的下午，我见到了康斯坦丝。汗水湿透了我的衣服——沾满尘土的紫色 T 恤和浅褐色的瑜伽裤。但是康斯坦丝却很鲜亮。她很纯朴，穿着颜色鲜亮的坎肩，配着头巾和裙子。并不是鲜艳的衣服让她显得出众，而是自然而然地流露出来的自信让她显得出众。事实上，她稍微有点张扬。不过我喜欢这点。与我见到的那些见了人就微微鞠躬，避免与人直接目光接触，说话的声音跟耳语差不多的女人相比，这是多么令人耳目一新和振奋啊。我一见到康斯坦丝，她立刻用双手紧紧握住我的手，兴奋地摇晃着。她直直地盯着我的眼睛。她说话的声音铿锵有力，就像是在喊。康斯坦丝让你觉得从她嘴里说出来的每一件事儿都是正确的。在说那些她觉得特别睿智的话之前，她嘴角的一侧就出现一个酒窝，就像她知道一个秘密。她会清清嗓子，手指往上一指，快速地轻轻摇晃着，然后开始说话。

康斯坦丝有很多孩子。我们说话的时候，三个孩子从泥土和树枝搭成的门口睁着大眼睛看着我，其他几个绕着我们快速地跑来跑去。这些孩子脸上有他们妈妈那样的笑容，但是却没有她的自信。他们看着我，然后窃窃私语，当我对他们做出一个小小的动作，比如眨眨眼或点点头，他们就咯咯地笑出声然后四散跑开。当康斯坦丝叫他们过来迎接我时，所有的吵闹停止了，然后他们走近我，突然变得严肃和害羞起来。他们各自伸出一只小手，眼睛盯着下面，小声说出他们知道的唯一的一句英语"你好"，和我快速地轻轻握一下手，咯咯地笑着连蹦带跳地跑掉了。

康斯坦丝说她一直生活在这里，她的祖辈们也一直生活在这里。虽然没有任何契约或文件，但这些土地都是他们的。因为我知道没有男人的家庭妇女拥有土地是非常罕见的，所以我询问她有没有法律意义上的土地所有权。康斯坦丝给我了一个温柔的略带责备的微笑，轻轻地摇着手指指着我说，这是她的土地，是因为她的家现在就在这里，而且是一直在这里，永远也不会离开。还能有什么别的方式能说明东西是自己的吗？她简直无法想象。她家里一代又一代的人出生在这里，生活在这里，回归到小屋外的这块土地上。一大排石头的墓碑排列在她家的旁边，那是她的祖先、亲戚包括她的丈夫的坟墓。这里就是她的土地。

康斯坦丝知道她和土地关系密切，她熟悉每一块岩石和黏土矿床，她知道雨水会往哪里流，知道在哪里挖沟引来珍贵的溪流。尽管她不能用很精确的语言表达出来，但是她知道这块地的斜坡造成了水土流失和侵蚀。康斯坦丝对她的土地了如指掌，并且也能细数她的土地的不足之处。她观察土地在每个季节不同条件下的变化，并且知道如何调整耕种模式。

康斯坦丝和我详细地讨论了她地里的香蕉和桉树的重要性。特别让她骄傲的是香蕉，这是她主要的收入来源。偶尔她也会卖掉一些木薯（大多数其他作物是她和家人自己吃），但是她更关心她的香蕉。她坚持认为她的香蕉是最好的，她的香蕉也是邻居中最多的。

很显然，她的邻居们也同意这种说法。康斯坦丝和她周围的邻居自然组成一个小组，一起商量合作种植的方法。这个小组聚集在一起讨论怎么做生意，分享最好的实践经验，讨论市场趋势和很多其他的事情。有的参加了当地的小额信贷机构的培训会议后，教给康斯坦丝他们学到的各种知识。从灌溉技术到杂交种子和天然肥料。康斯坦丝也非常自豪地传授她的知识，她说她已经教自己的小组怎么成排种植和平均分布植物的种植空间，而不是随意地把种子撒在地里了事。

按理说，他们小组的成员向同一市场的同一批消费者出售产品，小组成员之间存在着相互竞争的情况。但康斯坦丝告诉我，他们在早期已经公开讨论过这个问题，她确信已经就此达成了协议。康斯坦丝坚信小组中的每个人在市场上会给其他成员留出空间，他们中的每一个人只卖相对固定的品种。在小组会议上，一个人提出他想卖的东西，然后康斯坦丝让小组成员达成协议。没有人被迫做什么，他们相互尊重并且知道只要稍微计划一下，每个人在最后都会收获得更多，他们并不认为专门化是一种牺牲。总之，根据康斯坦丝的安排，他们因为知道可以关注不同的东西而感到高兴。康斯坦丝站在她的那块地上，数着她的邻居种植的各种作物。她指着自己的这些农民邻居，说："她是木薯，他是小麦，他们是小米……"然后她扬了扬眉毛，笑得更厉害了，大声地宣布："我是香蕉！"

种植香蕉可是个了不起的事。这种作物整年都可以收获，所以她每季都有可以出售的主要作物。她种的一些香蕉已经超过10年，几乎不需要看护。更重要的是，村里的每个人都吃香蕉，尽管很多家庭有他们自己的香蕉，但他们对香蕉的需求量很大。所以康斯坦丝在香蕉市场上大有作为。香蕉是一种重要但又易于维护的作物，吃了能让人心情愉快，所以广受欢迎。她声称自己是同村人中的香蕉保卫者。康斯坦丝赚了不少，取得了巨大的成功。

现在，其他村庄的人还来本地市场上卖香蕉吗？当然有来卖的，康斯坦丝不能阻止这种的事情发生。但是，她已经做出决定，选择使命，坚持为使命而战。她认为自己是代表村里推举她带头种植作物的那些农民。所以她要坚强地信守承诺。这种想法帮助她树立了信心：她在卖香蕉的人群中是领袖，而他们村应该是香蕉的第一售卖点。她已经为自己杀出一条血路，并且勇往直前。无论如何，没有谁的香蕉比康斯坦丝的更好。（至少在康斯坦丝看来是这样）

康斯坦丝对她的使命以及她对竞争的处理方式使我深受启发。她知道自己是谁，她知道自己想成为什么。但这并不是把自己孤立起来，而是先让自己强大起来，再把竞争对手聚集在一起，向他们学习，并让他们借鉴自己的经验，然后找到属于自己的位置。

第六章

自己决定你是谁

爸爸的使命

1992 年春天，离我上高中还有几个月的时间。爸爸把车停在家里的车道上，和我坐在车里。我们摇下车窗让春风吹进来。我坐在副驾驶座上，伸出腿，脚放在仪表盘上。爸爸坐在驾驶座上，手放在脑后，斜靠在那儿。

我们就在车里进行了一次长谈。这是我们交流思想的一个特殊场所。不管是开着车还是停着车，我们并排坐在车里，眼睛看着挡风玻璃前方的地平线，漫无边际地聊天。

"那么，关于搬家，你是怎么想的？"爸爸问我。

从我两岁开始，我们就生活在宾夕法尼亚州匹兹堡郊外的一座房子里，我现在已经上八年级了。还有一个星期，我这个学期就结束了。最后几天里，我和哥哥去上学的时候，整个房子里的东西都要打包，装在一辆大卡车上，经过 30 分钟的路程到一个新的地方。这是一次短距离的搬家，只是到了城市的另一边，但是却让我觉得要远离我所熟悉的一切，去一个新世界。

"我想应该没关系，只是不得不在一个学校重新开始，还有要重新结交朋友的感觉有点怪怪的。"

"你知道，杰丝，你以后会很了不起，你只要做你自己。每个人都会爱你，就像以前一样。"他郑重其事地说。我的父母对我这方面的能力从来没怀疑过。

"是，我也这样想。"

"你很了不起，只是……"然后，他傻傻地说，"……一定要记得你是谁！"

我叹了口气，说："爸爸，你是引用《狮子王》中拉飞奇的话？"

他笑着承认了。是的，他确实在引用迪士尼故事里那只狒狒的话。但是他又认真起来，并继续说："其实我是听到商业书籍的磁带上恰巧有人在讲同一件事情，只是用了更复杂的语言，基本观点是……"于是，爸爸开始兴奋地总结他最新的一个灵感。我微笑着听着，这就是我的爸爸。

爸爸读了很多商业方面的书籍，当我还是个孩子的时候，他就给我灌输各种作者的一些观念。如斯蒂芬·柯维所说的如何平衡作业和课外活动之间的关系，戴尔·卡耐基如何处理学校里的问题女孩。安东尼·罗宾（爸爸管他叫托尼，就像他们是哥们儿）教给我在公共场合进行演讲的秘诀。我很熟悉这些大人物的名字，就像我的《经典画报》和《爱婴俱乐部》里的人物或故事。但是很久之后，我才发现，不是所有的爸爸都会和女儿探讨李·艾柯卡和《创业神话》。

非常感谢我的爸爸，我会永远记得我的使命是什么。现在我才知道，有这种想法并不是偶然的。那些励志的谈话在当时看上去是自然而然的事情，但是现在我发现他在谈话时加入了很多有用的思想。（现在我已为人母，当我的孩子长大时，我也想采用一些他的技巧。）比如，一到夏天，我和爸爸总是要讨论即将到来的一学年。为了纪念升入高年级，我们要为新学年选择一个主题。在八年级，我们选择的主题是"保持冷静"，以此作为一个避免来自同伴的压力的口头禅。高中时，为了帮助我回复申请学校时遇到的问题，我们选择反直觉的"问正确的问题"，提醒我积极思考和探索未来生活中可能出现的各种可能性。这就像宣布未来使命时的热身训练，虽然那个时候我并不知道。他教会我在生命中的每个阶段按照自己的意图做事情，实现自己的目标。

拥有一份坚定清晰的认同感和适当的使命感是非常重要的，对于企业、投资、探险、生活，甚至对于整个人生来说，这都是基础。爸爸从他所读的那些商业书籍里学到了这些东西。从童年一直到我离开家上大学，他都一再提醒我，要认真思考自己的目标，树立目标，并且坚持下去，完成自己所要追寻的事业。他热切地希望我把自己的使命当作灯塔，而不是听从他人的选择和期待。爸爸说，一个人生命中最重要的是什么？不是去满足别人的要求，而是如何实现自己所有的愿望。

我的使命宣言一直在不断改进，但是经过了这么长时间的摸索，它现在是这样的：爱他人，通过倡导创业精神点燃我们心中的希望！通过 Kiva 和其他风险投资平台，我已经将创业者和他们成功所需的资源、团体联系到一起，这已经完成了我的使命。这样的使命可以让我决定在哪里度过时光以及如何度过时光，并且帮我确定（并告诉其他人）怎样整体地推进全部的工作——全职还是兼职，持续的还是基于项目的，付费的还是公益的。

所以，当我们第一次设想 Kiva 的未来的时候，我们制定一个明确的使命宣言来推广我们的价值观和愿景，这个使命宣言是我们以一个机构的身份向前迈出的相当重要的一步。2005 年的夏天，我们花了几个星期的时间来琢磨我们该使用什么样的语言来表达我们的观念。最后，我们提炼出简练的语句来表达 Kiva 的目的：把人们联系起来，通过贷款来减轻贫困！

这句话看起来很简单，实际上充满了深远的含义。它对我们的组织"是什么""如何"以及"为什么"进行了界定。"是什么"就是把人们联系起来，一切取决于 Kiva 吸引人们跨越任何边界或界限而靠近彼此的能力；"如何"是通过贷款，我们相信，与捐赠相比，在建立人与人之间的联系方面，贷款是更有效、更有连接性和影响力的工具；至于"为什么"，当然就是减轻贫困，这是我们工作的动机，也是创立 Kiva 的首要原因。

这个使命宣言帮助 Kiva 定义了自己，并使它区别于成千上万的其他相关的小额信贷机构。这一使命宣言有助于澄清一个事实，Kiva 并不是不择手段地为那些大的贷款机构筹资，或者是想成为一个规模宏大、功能强大的小额金融机构。我们的宗旨是把人们联系起来，一次一个人，通过贷款行为，来达到扶贫的目的。多年来，这个宗旨一直引领着 Kiva 的团队。我相信确定一个宗旨的重要性还在于：它让一个机构知道自己何时才算成功，避免偏离了自己的中心或者忽略了最重要的事情。

放弃 1 000 万美元

有时候，一个组织遇到的最难的问题就是发展过程中遇到的多种可能性——如果某个机会相对来说稍有优势，要发展的话可能就需要抓住这个机会。有些机会虽然很好，但可能会偏离你的事业之路，而且对你的追求没有什么帮助。面对这样的诱惑时，我们要能够抵制它，要能够意识到你的一系列选择会让你慢慢远离自己的事业之路。这些选择一开始不会给你带来显而易见的灾难，但如果它偏离了你的宗旨，就会使你所有的努力功亏一篑。

在我们推出 Kiva 一年半左右的时候，我们碰到了第一次（但不是最后一次）这样的诱惑。那天，电话铃响的时候，我们的小团队正挤在我们的单间办公室里。我离电话最近——那是我们的客服专线、新闻媒体事务或其他事务专线。接电话时我不知道是谁打来的，毫无思想准备。电话那端传来一个陌生的声音，原来是来自一家知名的高科技公司新成立的资金充足的企业社会责任倡议部的主管。

他兴奋地介绍自己，并且主动说出他打电话的原因。

"Kiva 真是太棒了，"他说，"我们希望帮助它，我们可以拿出 1 000 万美元投入到你们的项目中。"

我一下子不知说什么才好。1 000 万美元是我们运营 Kiva 一年半以来的全部资金。这么大的一笔钱可能给 Kiva 带来翻天覆地的变化。随着交流的深入，有个问题暴露出来了。那个公司的目的不是捐钱给 Kiva 作为运营费用，也不是要员工或客户把 1 000 万美元分成 25 美元、50 美元、100 美元的礼券在网站上用作贷款。他说那样做要花费太多的时间。他们公司只是想把资金投到我们的运作系统中，直接分配给世界各地的创业者，然后再回笼资金。我问他是否同意其他的解决方案，以十几种不同的方式，特别是让成千上万的员工和客户能参与进来，代表他的公司来操作？但是他对这些提议并不感兴趣，他没有足够的时间来处理此类事务。

我们的网站已明确证实了创业者们能运用好资金，即使没有任何贷款人在交易中出现。如果接受这 1 000 万意味着贷款人和借款人相互之间没有任何接触。然而实际的接触体验正是 Kiva 重要的特点。贷款人会在网站上浏览借款人的资料，选择一个能产生共鸣的人，然后出借、保持联系和收回贷款等。因为我们的规模相对来说仍然比较小，并且如果没有那么多的小额信贷机构在网站上发布借款人的信息，让 Kiva 直接把 1 000 万美元一次性贷给创业者得需要好几个月的时间。很多的贷款人都渴望有机会轮到他们。虽然 Kiva 刚刚起步，但我们的成长几乎是突飞猛进的。有很多贷款人想亲自参与进来看看我们是怎么运作的，而我们也是不断地通过网站放出贷款。当时，我们最大的困难来自放款需求快速增长后，如何找到负责任的小额信贷机构在网站上发布更多的创业者的信息。

然后，我用力咽了口唾沫，对他说"不用了，谢谢你"。我告诉他，我想可能其他的一些大机构更适合他的要求。他大吃一惊，我怎么可能拒绝 1 000 万美元？我疯了吗？我又一次解释了 Kiva 的运作模式，他还是不感兴趣。然后我很有信心地告诉他："非常感谢您会想到我们，但是 Kiva 致力于建立人与人之间的联系。像您描述的那种的捐赠，和我们的初衷不符。所以尽管您这样做很慷慨，但并不适合我们。"

说实话，拒绝了如此巨额的资金让我感觉有点疯狂。假如公司更加灵活一些，这对我们来说是个巨大的机会。正因为这样，我们才知道自己不能接受这个机会。把这1 000万美元拿到手，将它投入运作中去，就会使我们偏离我们的核心使命。实际上，这笔钱的潜在成本是赶走了40万个贷款人（按每个贷款人贷出25美元算）。

对和你的宗旨不相符的机会说"不"，不管这机会有多么诱人，就像你对自己承诺的目标响亮地回答一声"是"一样。这正像康斯坦丝骄傲地宣告，"我是香蕉！"她决定自己全力以赴地卖香蕉的时候，其他任何的事情相对于这个来说都是次要的。这意味着她要拒绝卖别的东西。我敢打赌，有几年她也想卖别的作物，但她还是选择了坚持自己的使命。通过这样做，她不但成长起来，而且给了自己一个定位并且得到周围人的认可和接受。因为她对事情的专注和明确的方向感，我认为她会越来越好。

你的使命就是你的定位，你的方向。它告诉世界的同时也准确地提醒了你自己：你是谁，你不是谁。一个机构需要制定一份强有力的使命宣言，并且与世界分享，让这个宣言内化为一个团队的精神，由此做出艰难的决定，并产生真实深远的影响！

人力车司机拉杰：另辟蹊径

印度，斋浦尔
2013 年

我坐在三轮车上，一只手拿着斋浦尔的地图，另一只手抓着座位上的扶手，问车夫拉杰："你确定这是最好的路线？"他回过头来看着我，脸上快速闪出一个微笑，晃着脑袋，来了个印度式的肯定的点头姿势，说了第十遍"是的"。我笑着对他表示感谢，仔细地对照地图上的标记。

因为到斋浦尔还不到一个星期的时间，我还不熟悉地形，完全搞不清自己的位置。事实上，我也不知道我们是不是迷路了，所以我合上地图，叹了口气，我唯一的选择是相信拉杰并且享受这个旅程。

一开始，感觉还不错。拉杰也显得比较值得信赖。其实，是我从出租队伍中选择了他。几十辆三轮车、摩托车、普通出租车、班车甚至大巴都正好停在我面前，我得决定采取哪种交通方式。我选择拉杰，是因为他在里面是最出风头的一个。

那天一起来参加斋浦尔文化节的几个熟人都坐上一辆大面包车回我们住的酒店。因为那辆车坐不下所有的人，所以我对他们挥挥手，上了拉杰的三轮车。他是唯一一个没有像其他人一样向我乱叫，说他们的车最好、速度最快的三轮车车夫。他显得很有耐心，也很尊重乘客，所以，我感觉他是一个正直的人。

果然，一开始的时候，坐车的感觉还是很令人兴奋的。我们在日落前开始了旅程。以"粉红之城"闻名的斋浦尔赢得这样的美誉就是因为落日像花一样在我们身边绽放，温暖着天空、街道和建筑物。火热的夕阳燃尽后，迎来一个灰色的黄昏。灯光闪烁，我们身边的夜生活开始活跃起来。车子从小商店、摊贩和嘈杂的餐厅旁驶过。我听着四周的嗡嗡声，看着周围的一切都在闪亮。露天的这种感觉真是舒服。

我们继续前行，夜幕也已经悄悄降临。空气中开始弥漫着厚重的污染的味道，我们在拥堵的交通中穿来穿去，自行车、的士和其他车辆不断地涌进涌出，行人也挤满了道路。我能感觉到街道上的每一个坑坑洼洼，因为我坐在车上不时地要颠簸一下。我的屁股因为坐在这么硬的金属座位上开始硌得生疼。拐弯的时候，我紧紧抓住扶手，开始感觉双手有些刺痛和麻木。

一会儿三轮车速度慢了下来，然后就停住了，我大口地呼吸着废气，觉得有点头疼。我开始后悔坐拉杰的三轮车，我为什么不坐正规的出租车或等待酒店的班车返回呢？

我问拉杰，为什么会这么拥堵？为什么要停下来？难道出什么事故了吗？拉杰咯咯地笑了："你这是在印度。"他告诉我这很正常的。他还告诉我每天都要发生点事儿，尤其是在晚上。我感觉有些不耐烦。我还得赶回酒店，一小时后要参加在这个城市的另一个区举行的宴会，这可是一件大事儿。我表示很担心时间来不及，问拉杰我该怎么办。我曾不止一次地碰到这种情况：在一个大城市交通瘫痪的情况下，被困在一辆出租车里。最好的解决方式就是下车，步行、坐地铁或是去乘坐其他公共交通工具。我问这里有没有公共汽车或者能更快一点的小车可以乘坐？他笑了，说："没有，这就是最好的，我会把你送到那里的。"

我靠在那个坚硬的座位上，深深地吸了一口气，准备看看他说的对不对，还要等上多长时间。我提醒自己要有耐心，因为我们至少还要一块儿待上一段时间，所以我想多了解一下拉杰。我就问他一些生活上的问题，他是不是出生在斋浦尔？他有孩子吗？他蹬三轮车有多长时间了？他喜欢这份工作吗？

他非常愉快地回答了我的问题，说自己有四个年幼的孩子，他表示非常感激能有工作挣钱来养育孩子。他还说特别喜欢认识从其他地方来的人，这就是他总是在宾馆、饭店等地方拉客的原因。听说我来自洛杉矶，他很高兴，说自己遇到的好多客人都来自加利福尼亚的不同地方，但从来没有碰到过来自洛杉矶的。我感觉我是帮他完成了一份收藏工作。

拉杰似乎对他的工作非常满意。尽管他的三轮车破旧不堪，每一个零件都生了锈，到处有凹痕，吱吱作响，摇摇欲坠，有些零件直接就掉下来了，但他蹬车子的样子非常优雅得体。绕来绕去时，他会轻轻地踩刹车以免车子发出刺耳的吱吱响的声音。他站起来用尽全身力气踩踏板加速时，他几乎是只扶住车把，但看上去却很牢稳。

和拉杰聊天让我的注意力有些分散，但我突然意识到，我们的车又开始动了，拉杰在高速公路上停着的汽车和公交车中间缓慢而稳健地向前骑车。我注意到，我们的车动的时候别的车还是不能动，一旦别的车能动了，他就把车从主路上转到辅路上。辅路上的交通不是那么拥挤。他的车就能走得更快点，从而能够更轻松地绕着大货车往前骑。

又过了几分钟后，拉杰把车骑到一条更小的街道上，这里的车更少了。我们经过斋浦尔不太繁忙、光线也不太亮的的街道。这家伙要把我拉到哪里？我习惯了走自己熟悉的路，这个城市的小街道对我来说完全是陌生的。尽管我们的交谈很友好，但我突然感觉有些不自在和疑虑。街道上的人变得越来越少，我更加紧张起来。当我们转进一个完全没有路灯和车辆的胡同时，那种紧张变成了真正的担心。

印度很多的三轮车都是车夫坐在乘客的前面。拉杰的车子就是这样子的，所以除非他转过头来跟我说话或者看后视镜，否则都不会看到我，所以这样我可以相对秘密地研究我的地图，而不引起他的警觉。我专心致志地查看地图，发现他回头看我时，我对他笑了笑，不想让他看出我很担心。

我问他："我们快到了吗？现在我们是不是应该到了？这真是最好的路吗？"拉杰又笑了笑，回答："是的，这是最好的路。"我打量着他。拉杰是个又矮又瘦的男人，穿着破旧的衬衫和特别肥大的裤子。他的凉鞋比脚小很多，脚趾和脚跟都露在鞋的外边。我的体重绝对比他重。万一他想要绑架我，我就打他，我猜自己能打过他。或者说，更好的方式是我能从他那里逃掉。但话又说回来，他是当地人，而当时我都不知道自己在哪里。我拼命地想象要怎样和他对抗以及逃跑的情景。

直到我们已经骑了很长时间之后，我还是不想得罪拉杰，但心里充满恐慌。"拉杰，我们还是回到大路上去吧。"他没有听见我说的话，或者他假装没有听见。我非常害怕，不敢重复自己的话，也不敢跟他对质是否走对了路。

几分钟后，我们回到了主干道，不是重新进入主干道或卷入人群，我们直接绕过瘫痪的车流，穿过路口。然后，我彻底愣住，我们已经在酒店门前了。

拉杰停下车，充满活力地从座位上跳下来，完全不像蹬了这么长时间车子的样子。他笑了笑，指着我的地图，我才明白坐车的时候我没把地图藏好。我把地图递给他，他指着我们走过的路线：

"最好的路线。"他又说了一次。虽然路有些绕，但是他已经证明，那是最快的路线！

我那些上了大巴车的熟人呢？晚宴快结束的时候他们才出现。他们到达酒店的时间要比我晚一个小时。

因为自己独辟蹊径，拉杰击败了其他人。他提醒我，有时候我们要避开拥堵的人群，找到自己的路，这才是达到目标的最佳路径。

第七章

走自己的路

与橄榄球明星分手

2005 年春末，Kiva 的试验性贷款工作已经完成一轮。在我们的贷款平台正式启动前的几个月，有两个也想在小额信贷领域有所发展的企业家找到我们。在交流之初，他们就提出要跟我们合作。

其中的创始人之一是当时一家非常成功的网络公司的重要推手。他为人精明，也很懂行，并且凭借以前的工作成就已经进入了硅谷最核心的精英圈子。另一个创始人拥有良好的人脉关系，在非营利领域有着丰富的经验。她是个非常有魅力的人，有她就有成功的希望，缺少她的参与一些想法就会很难实现。

他们的邀请让我们感觉有些受宠若惊，当然也有些莫名其妙。他们似乎一切准备就绪，胸有成竹，而我们几乎还没有开始起步。但是，能和这两个人搭档让我们倍感兴奋，所以没有拒绝他们的提议。对于他们当时的工作以及打算怎样合作，我们问了很多问题。有一点是毋庸置疑的，我们之间确实存在着相似的思路：都希望在小额信贷领域进行创新，都想给普通人提供机会帮助创业者，两个企业开始运营的时机似乎都有些不可思议的相似。

从另一方面来说，这两个机构只是表面看上去有些相似之处。我们的核心价值观是否一致尚不清楚，并且我们的风格确实有所不同。比如，我们对工作的看法并不一样，在我看来他们的说法很商业化而且很复杂，而我们的说法就很简单很容易理解。他们说用户，我们说人，他们说交易，我们说关系。他们说尚未打开的市场和消费趋势，我们说创业者卖鱼、卖菜或食用油的各类市场。还有我们的观念也存在着巨大的差异，Kiva 要成为普通人能够直接给创业者提供贷款的平台，他们却想创建一个证券机构吸引人们给小额贷款机构投资，比如发行股票。

尽管两个机构之间存在着明显的差异，我们还是很想尝试和这样有实力的人合作一把，于是我们继续和他们沟通。随着交流的深入，我们对他们的了解也越来越多。他们的表现让我们觉得不可思议，这时我们有了一个清醒的认识。如果我们对他们有了更多的了解之后，再拒绝他们结为合作伙伴的提议，可能会得罪他们，并且把他们推到我们的对立面。选择不和他们合作就意味着选择和他们竞争。当时，我们根本不敢想象能和他们这样的机构开展针锋相对的竞争，我们觉得自己肯定会在竞争中失败。他们拥有令人难以置信的资源，并且肯定会不遗余力地争取有实力的公司和个人的支持。我们可不想和他们成为敌人。

我们最后决定试着和他们合作一把，做出这个决定主要是出于上面的那些担心。我们希望在短期内做出的一点儿牺牲会让我们拥有更多的资源并且给我们带来长期的收益。然而，就在我们要同意的那一刻，我感到不安。但是我不断地提醒自己，疯子才会拒绝这样的机会。

开始合作几天后的一个晚上，入睡前，我脑子里闪过了高中时詹姆斯·麦卡利斯特约我出去的画面。詹姆斯是我们高中的橄榄球四分卫——一个超级橄榄球明星，是那些专题片中常出现的神仙级人物：身材高大，肌肉发达，长着褐色金发和蓝绿色的眼睛，走起路来有点趾高气扬。除了要问家庭作业，他平时不太和我说话。不要误会我的意思，他是非常完美，但我也不差。只是我们有很多不同，不是一类人。詹姆斯他们那样的人很少和我这样的人打交道，更不用说和我这样的人约会了，我是这样想的。和我这样的矮个、棕色头发的古板女生比起来，他和高高的漂亮的金发碧眼的啦啦队长更相配。所以当他课间在喷泉边上约我时，我一开始有些发蒙，好半天才明白过来是怎么回事儿，接着我就不假思索地答应了。这是一个没经过大脑的决定。这就像是剧本里的一个情节：一个帅哥约一个女孩子，这个女孩子当然会答应。理性的人都不会对这样的邀请说不。与四分卫一起出去，就像你要写同学会女王获奖的感言。每个人都喜欢詹姆斯，因此我也喜欢詹姆斯，对吧？

刚开始，和詹姆斯一起出去很有意思。可以说是有点太好玩儿了。他开车开得很快。我们也曾夜不归宿。在他带我参加的聚会上，第一次没有父母的陪伴，还有各式的酒（直到 21 岁生日时我都没沾过酒，当时也只是用香槟和我奶奶干杯）。和詹姆斯在一起的日子是绝对的精彩。但我知道跟他在一起时，我自己必须把持住！我不想成为电视节目中的那种人物：以错误的选择而告终的漂亮女孩。这不是说詹姆斯是个坏人，只是最后我确定，他不适合我，如果想勉强凑合，我就得做出很大改变和让步。在詹姆斯身边，我不是真正的我，感觉压力很大。我享受和詹姆斯在一起的乐趣，但后来我们在电影院看一场我并不想看的电影时，我还是跟他提出分手，转身然后离去。

第二天，我的同学都觉得我疯了。我怎么可能和詹姆斯分手？他是那样酷！他是那样帅！他事事都那么棒……我没法跟她们解释清楚，但我知道自己做出了正确的选择。

现在的情况是：应邀与这两个炙手可热的硅谷创业者合作就像高中时接受和四分卫约会。理性的、有抱负的创业者都不会说不。和他们合作，硅谷的大门也许就会向我们敞开。所以，最后我们决定和这两位满怀抱负、成功的创业者合作。

在接下来的几个月里，我们投入了大量的时间和精力想和他们成立合资企业。我们向合作伙伴公开了我们所有的业务。我们把自己掌握的一切都告诉了他们，包括起草的每个版本的商业计划，曾经做过的所有的调查研究，以及搜集到的创业者的所有信息资料，甚至包括我们的技术。

他们对我们的态度则是有很多保留，保守自己的很多秘密。奇怪的是，虽然我们跟他们分享了的所有材料，他们也吸收了我们的成果并且用到他们自己的策划中。他们似乎不明白我们的想法，或者更确切地说，他们明白一切，但好像更喜欢他们自己的想法。我们开始怀疑自己，怀疑自己对世界的看法，难道他们是对的？我们是错的？他们毕竟比我们年长而且经验丰富，他们提出了非常有说服力的论据说明为什么他们必须是理所当然的领导。不久，当他们再驳回我们的想法时，我们不再试图辩解。一般情况下，我们并没有激烈地坚持自己的观点，并且心甘情愿地让他们来领导。他们同意"让"我们继续Kiva的那轮试验性贷款，但是不顾这项工作是我们在认识他们几个星期之前就开始的，坚持认为从那时起，他们和我们作为一个新公司开始运作时，他们必须是决策者。我和马特交出了所有的决策权转到幕后工作。因为，我们相信，没有他们的支持，我们就无法生存。

我们的默许似乎让这两个合伙人对权力有了更大的欲望。在短短的几个星期后，我们发现他们竭尽全力地使我们在公司业务上边缘化，并且想要我们放弃参与工作。他们把我们当成小卒子而不是合作伙伴。有一次，他们召集团队新成员开会却不让我们参加，没有通知我一声就让别人来顶替我的职务。还有一次，他们调整投资者和合作伙伴，也没有告诉我们，我们事后才知道，在现场，我们的名字也从融资演讲稿中消失了。我们甚至发现他们在背后说服各种小额贷款机构签署针对Kiva的非竞争协议，使得那些小额信贷机构因受合同约束在未来永远无法和我们合作。

这个所谓的联合经营和我们最初的设想截然不同。虽然我们想和实力强大的联合创始人合作，但是他们不认可我们，不提供资金支持，因此合作前景一片黯淡，很快就失去了吸引力。我和马特决定要夺回原本属于我们的掌控权，即使不得不单打独斗，我们也想回归到真实的自己。

虽然我们知道这是正确的选择，但这时一些亲友和导师却对我们的想法提出了质疑。离开如此强有力的人和如此有影响力的大公司是个正确的选择吗？他们的担心是可以理解的，但是我们从内心深处知道打破这种合作方式是我们维护身份和尊严的唯一途径。

我们也知道从合作关系中抽身出来必须非常谨慎。一场突如其来的分手可能会让我们的合作伙伴恼羞成怒，或者更糟糕的是，引发他们的报复。他们总是从 Kiva 那里窃取办法，然后自己去处理问题。这把我们吓坏了。我们知道需要采取一些策略，然后再慢慢地、安全地离开。

2005 年 7 月下旬，经过一整晚的讨论，我和马特一致同意，我们的策略的第一步是，假装默许他们的做法。我们决定，在表面上我们将放弃一切权力，并在一段时间内把所有事情的控制权让给他们。我们想这样可以安抚他们的敌意，并获得他们的一些好感，给我们优雅地离开的机会，最终我们再重建 Kiva。所以，有那么一两个星期的时间，我们完全迎合他们的要求，接受我们曾经强烈反对的很多屈辱的决定，包括让我退出曾经承诺给我的领导位置，承认我和马特不再作合资经营的联合创始人，（他们说，经过再三考虑，四个联合创始人好像有点太多。）并且同意了其他几个荒唐的提议。但不管怎么样，在整个过程中，我们没做任何会影响我们尽快脱离他们的事情，例如，我们从未签署可能把自己锁定在合伙关系中的任何法律文件——这个举措最大限度地保护了我们自己。

在经过一两个星期这样的状态后，当我们用他们的方式做事情的时候，我们也试着让他们痛苦地感觉到，从长远来说我们作为一个团队很显然是不合适的。他们很不满意，有些沮丧，感到被冒犯了，于是变得更加咄咄逼人。他们蔑视我们，并威胁要进一步让我们的角色边缘化。（这一点看起来几乎是不可能做到的。）我伤心得都落泪了。

似乎很明显的是，尽管我们努力满足他们，化解纠纷，但优雅地分道扬镳是不可能的。于是，我们开始实行第二个策略，做出让步，在一段时间里默许他们的各种要求。但是在晚上和周末不和他们一起工作的时候，我们完善 Kiva 的各个方面，让这个平台能够独立运行。这样，一旦我们离开，就可以立即重新正式推出 Kiva。我们要建立自己的平台，这样才会在这个平台上尽最大可能地施展才能。我们觉得，即使离开是很麻烦的事儿，我们照样可以坚持 Kiva 的初衷，他们要想赶上来和我们竞争也需要一段时间。我们这样做的时候，一直这样想，如果他们确实抄袭了我们的做法，他们最终将会胜出。我们觉得，被他们打败前拿出几个月来追求我们的梦想，至少要比从没尝试过要好很多。

2005 年 8 月下旬的一个晚上，我们四个人共进晚餐，我们提出要和他们分开。分手的提议让他们很生气，但这次他们知道自己劝阻不了我们。

当我和马特离开饭桌时，我们迈出的每一步都很轻松。第二天，我们重新开始去实现对 Kiva 的最初设想。我们去掉了合作伙伴强加在产品中的多余的东西，恢复原本简单的产品。我们感觉好多了，有种再次找到了自己的感觉。

仅仅两个月后，2005 年 10 月，我们发布了一篇新闻稿，宣布 Kiva 正式启动。我们孤军奋战，只是发表了自己的一个简单的想法。我们也没有强大的同盟或有名望的支持者可以炫耀，没有大张旗鼓的宣传，也没有一个硅谷巨人作为后盾。但是，大大出乎我们意料的是，事情很快就有了起色，其余一切都成了历史。

最终，Kiva 保持了独立，能够不妥协地实现其使命。另外两个人最终成立了自己的机构，虽然也维持了几年，但他们的产品始终没有真正地打开市场，所以公司在2014年关闭了。有人说他们与大型科技公司的合作是把双刃剑，那些公司在给他们提供资源和支持的同时，也削弱了他们承担风险和快速发展的能力。如果我们继续与他们保持合作关系，Kiva永远也不会诞生。

最重要的是，我和马特接受了深刻的教训，不管周围的人怎样想，我们应该坚守自己的信念，走自己的路，这非常重要。如果你相信自己和你自己的想法，就不要改变自己去获得别人的认可。即使整个世界都告诉你他们更好、更强，或者他们是对的，你是错的。你也需要守住自己，不要怕，如果你的意图是真实的，你的基础是坚实的，你的目标是明确的，你将不会孤立太久。

保持独立

拉杰从车流中出来，避开了拥挤的人群，找到了一条独特的到达酒店的路。他并不关心别人通过什么样的方式前进，他也不怕走自己的路（当然一路上还有我跟着凑热闹）。

处在圈子之外会让你拥有一个新的优势。你可以以一个全新的视角看待某个特定的问题，也许那正是你要寻找的一个更好的、更具有创新性的解决方案。这就是为什么圈子里的人努力几十年也永远无法在第一时间想出突破性的创意。新人们往往意识不到规则或乐于脱离规则的束缚，他们不拘泥于先例，没有思想包袱，能够开展头脑风暴，不怕职业经验丰富的专家对某个问题品头论足。

雷德·霍夫曼是企业家、风险投资家、作家和 Kiva 董事会成员。2011 年他在伯克利演讲时说："要有创造性的思维，大胆地想象。你觉得在哪里会有巨大的机会呢？在哪里事情将会出现转机？在哪里你看到了其他大多数人都看不到的一些事情？要想成为一个成功的创业者，就要学会逆向思维，学会准确判断！"霍夫曼呼吁创业者找到这样的机会，想办法看到别人看不到的事情，而实际上就是用一种大胆的新方式来看世界，来挑战现状。

以前我曾在一个意想不到的地方听说过这种观点。我在巴克内尔大学二年级的第一堂哲学课就是托马斯·库恩的《科学革命的结构》，分析科学进化和科学思想。库恩解释说，科学家们不是单独地工作，他们都是科学共同体中的成员，有着广为接受的成套信念。正常的科学工作以及很多科学家的研究都被局限在这些信念里，或者是"范式"中。库恩称，是"在职业教育设定的概念框架中，科学家们艰苦地、忠实地研究自然"。

但有时科学家观察到的事情并不符合现有的范式（库恩称他们所谓的"异常"），当足够强大的异常现象结合起来并互相验证的时候，一种新的范式出现，旧的范式就被打破了。这些变化就是科学革命，"打破传统，弥补常规科学研究的传统缺陷"。科学革命发展缓慢，还会威胁到现有状况。记得伽利略吗？他因为声称地球围绕太阳旋转而遭到软禁。

库恩说范式的更替和整个世界观的变化是由科学共同体决定的。在内心深处，不管有没有意识到，我们都有着一定的范式，都认为自己了解世界是什么样的，并且和有类似理念的人互相吸引。在生活中我们从不怀疑这些基本范式，虽然这些范式可能限制我们的观察和质疑的能力。所以，通常我们只接受自己和社会已经承认的范式。

值得庆幸的是，异常情况也会发生。如果有人暗示说这个世界可能完全不同于我们原来的想象，我们会有所动摇、感到吃惊或者是困惑。在陌生的环境中，这种情况发生的概率更大。那种新奇的感觉让缺少知识和经验突然变成一种优势。这更容易让我们惊讶的。因为是第一次看到一些事情，我们可能会产生新鲜的观点甚至是"疯狂"的念头。

我们很容易避开这些事情并告诉自己，"不，这不可能是真的"，或"我一定是疯了"，或者还会听到别人坚持告诉你："这不是那么回事儿。"但其实我们没有疯，我们看到的那一点新生的、真实的事物，足以让我们重新评估现状了。有些时候我们真的看见了以前人们所不曾看到的东西，或者没有人有足够的勇气说出来的事情。

为了有更多的这样惊喜的时刻，就要给自己一个崭新的视角，允许自己偶尔走一条不同的路。在未知领域畅游一番。不要担心别人把你当成疯子，如果你觉得已经发现了前方有条更好的新道路，去开辟它吧。你也许是第一个走这条新路的人，总有一天我们这些人也会跟随上。

糖果商人克莱：用爱经营

夏威夷，火奴鲁鲁

2012 年

半个世纪前，一个叫克莱的男孩每次去社区的糖果店时都要说："我也想开一家糖果店。"40 多年后，在 1996 年，克莱的梦想变成了现实。他成为多芳糖果店的第四任店主，就位于夏威夷火奴鲁鲁的艾娜海纳购物中心。

14 年来，克莱全力以赴地工作，每周工作 7 天。他发明了糖果的新配方，他的"魔力冰"和"果仁脆糖"很受欢迎，拥有一大批拥趸。但是，他始终相信有些事情远不只卖糖果这么简单，除了把糖果卖给顾客还有更重要的东西值得关注。他认为，在糖果店里和人打交道就是"通过为形形色色的顾客服务，把他们当作自己的家人一样对待就是人间有爱的一种表现"。

尽管如此，生意还是很难做。但克莱——他当时已经被客户亲切地称为"克莱叔叔"——坚持了下来。他把经营糖果店看作是自己一生的使命，所以坚决不会放弃。为了保住多芳糖果店，克莱一次次地变卖财产。十几年来，他甚至一度决定卖掉他最后的个人资产——房子。

2007 年，克莱叔叔的侄子，布朗森·章，在喝下美味的夏威夷超人冰茶后，触动了灵感。布朗森为多芳设计了新的未来。他相信自己可以帮助多芳糖果店扩大经营，在艾娜海纳购物中心之外的地方开设新店，最后帮助多芳走出夏威夷，让世界各地成千上万的新客户吃上多芳糖果。布朗森看到了未来的美景，"糖果店真诚的阿罗哈传统世代传承，让世界各地的人们都能感受到夏威夷的美丽、神奇和爱"。尽管大多数美国人知道，在夏威夷"阿罗哈"可用来互致问候，但它也有很多其他的意思。严格意义上讲，在夏威夷语"阿罗哈"是指亲情、和平、同情和怜悯。对于布朗森，这个词是指一种文化和一种生活方式，它意味着生活就是要向人类表达伟大的博爱。

布朗森把自己的想法告诉了克莱叔叔，还说他想毕业后加入家族生意。于是两人开始计划。他们不仅想继续卖夏威夷的标志性零食——"刨冰"，还想实现更多创意，想给客人提供一个空间来互相接触，并且最终能够回馈社区。布朗森当时是在南加州大学读大一，他所选的课程都和他将来经营糖果商店有关。三年很快结束，2010年布朗森毕业时被选为毕业生代表向班级致辞。他演讲的主题是：我的愿望和叔叔的商店。他对着全班同学讲述了自己的梦想，把自己的演讲称为"真诚的爱"。同学们听了之后，眼含热泪，对他发自肺腑的话报以长时间的掌声。

几个星期后，布朗森回到家乡夏威夷，以合作伙伴身份加入克莱叔叔的企业，2011年他们一起重新开了一家名为克莱叔叔家"真爱之家"糖果店（HOPA）。

我见到布朗森的时候，我正在南加州大学商学院教一门社会创业课程。我从学生那儿听说了布朗森。他们中许多人都很钦佩他，认为他是一个有魅力的、聪明的年轻人。每个人都知道布朗森的"真爱之家"创业者的愿望和计划，而且知道布朗森需要资金来实现愿望。我的一个学生说布朗森可能想寻求 ProFounder 的帮助，而该网站是我和朋友达娜·毛列洛刚刚建成的，目的是帮助创业者为初创企业或者小企业从朋友、、家人和社区那里筹集资金。我和布朗森见面就 ProFounder 的业务是否适合他们进行了交流，几个星期后，布朗森和克莱叔叔成了 ProFounder 的第一个客户！

布朗森和克莱叔叔利用 ProFounder 发布了在线视频，介绍了他们的资金需求、财务规划、投资条款清单以及其他的一些情况。然后，他们利用网站，邀请朋友和家人来"真爱之家"投资并许诺在未来 4 年内投资回报为收入的 2%，还有其他红利比如亲自品尝新口味刨冰等。他们成功地获得了 19 个投资人 54 000 美元的投资，其中包括布朗森在南加州大学的几个同学。从那时起，他们的经营状况有了很大改善，不到 3 年时间已经拥有 10 万个顾客。

回想起来，从各个方面看，"真爱之家"的筹资都非常成功。布朗森和克莱叔叔在他们的社区深受欢迎，并取得了一连串的成功。几个月内，我看到有几十个创业者在 ProFounder 发布筹资申请。一般来说，创业者们很难理直气壮地伸手向朋友和家人要钱，但克莱叔叔和布朗森设置的门槛相当高，做得既巧妙又有效。他们对那些信任并且支持自己的人发出个性化的、周到的邀请，明确表达了自己扩大经营的愿望和对资金的需求。他们在筹资金额方面既有野心又客观现实，通过网站公布全部的项目预算同时也公开经营目标。他们开出的条件既能支持企业自身持续性的发展，又让投资者感到有利润可图。他们还愿意花时间用投资者能够理解的方式来解释业务、风险和收益等方面的问题。布朗森和克莱叔叔坚持礼貌地随访潜在的投资人，并且愿意随时亲自回答投资人提出的问题。他们主持投资人电话会议，或者组织店内聚会，让同为支持者的投资人感到很舒服。我和达娜对他们的做法肃然起敬。我们曾预计我们的第一个客户需要大量的帮助和手把手的指导，但坦白地说，实际上是布朗森和克莱叔叔在帮助我们。他们给我们上了很好的一课，教我们如何在网络社区建立联络，培育并获得支持。

大多数通过 ProFounder 给"真爱之家"投资的都不是专业投资人。大部分只是朋友，家人，顾客以及那些相信布朗森和克莱叔叔的眼光、价值观相同，并且希望看到他们取得成功的人。布朗森和克莱叔叔认为他们工作的目的不仅是卖各种刨冰，更是传播真诚的爱。他们吸引人们，让人们满怀感激并且心甘情愿地投资一件对个人、对社区乃至对世界都很重要的事情，这让他们的工作具有独特的传奇色彩。用时间和爱心对待身边的人，就像对待家人一样，因此他们已经获得任何一家小型企业想要的最重要的资产：一大群热心帮助他们成长的忠实拥护者。"真爱之家"网络社区的力量让克莱叔叔和布朗森离梦想更近了一步。

2012 年我和丈夫雷扎带着 6 个月大的双胞胎拜访了"真爱之家"，和布朗森、克莱叔叔待了一个下午。"真爱之家"确实有它的独到之处。爱和家庭的氛围是显而易见的，渗透到每个角落。我的一个孩子，赛勒斯，在婴儿车里睡着了。另外一个，贾斯帕，眼睛瞪得大大的，被布朗森抱着在他的膝盖上跳。面带笑容的克莱叔叔一边拍手，一边唱着一首夏威夷歌。

我们在店里享受美味的刨冰和其他食物时，我找了个机会问克莱叔叔，他成功的秘诀是否真的就像听起来那么简单。他立刻笑着回答说："不仅仅是要待人友善。我们要知道人与人之间都是有关联的，哪怕这个人是第一次进到店里来。在真爱之家没有陌生人，这里只有爱。"

多年来，有很多社区出现，但克莱叔叔打造了一个我见过的最忠实和最热情的社区之一。他这样做不是因为想拥有权力和影响力。他不打算建立一个大的网络，因为他认为这可能对他有利。他用爱心对待每一个人，因为他认为，每个来真爱之家的人都是他的家人并且值得他如此对待，付出真爱。

我、雷扎和两个孩子刚走进店里的时候还是陌生人，但瞬间克莱叔叔就让我们感觉自己就是他真正的家人。

第八章

找到你的家人

创业团队

我一直很感谢家人对我的支持，特别是 2011 年我的双胞胎出生的那段时间，他们的支持尤其重要。刚开始的那几个星期、几个月里，孩子那么小，特别需要人来照顾，我累坏了。如果没有家人无私的帮助，我们根本坚持不下来。我的父母从孩子出生的第一天就来照顾我们，为我们一家做好所有的事情。我妈妈甚至请了 6 个星期的假和我们住在一起，这样她就可以全天候地照顾我们。还有些亲友来一次就住几天，他们替我们抱孩子，给宝宝喂奶换尿布，甚至给我们做饭，让我们有时间照顾双胞胎。因为爱我们，觉得和我们很亲近，他们来到我们身边，帮助我们，付出精力来照顾这两个新生命。

企业在创业阶段都有点像新生儿，需要具有奉献精神的家庭把它们照顾得好一些。新创企业通常是规模较小而且容易受到来自各方面的影响，经常需要大家某种形式的关注或关照——就像婴儿有时候会在午夜需要大人一样。虽然有些人可以靠单干成功，但是支持者带来的帮助不仅会使企业生存下来更可以使企业得到真正的蓬勃发展。

在创业阶段 Kiva 的员工团队就像是一个家庭。他们在 Kiva 工作不是为了钱，事实上 Kiva 当时根本没有钱，所以想挣钱也是不可能的。他们也不是为了权力或威望，因为我们也没有这些东西。那些刚开始来 Kiva 工作的团队成员相信 Kiva 会成为他们理想中的样子，和我们一样相信我们的事业肯定会成功。在 Kiva 成功之前或者 Kiva 回报他们之前，他们愿意为之付出。他们想做一些有意义的事情，他们想要更大的成功。

第一个加入我们的是切尔萨·博奇，马特小时候的一个朋友。她当时辞去金融行业的工作，去世界各地旅行刚刚回来，所以精神焕发，对一切都兴致勃勃。她通过朋友听说了我们的项目，马上想参与进来。她的观念、理想和我们非常一致，我们都不过分关注事业的风险和不确定性。切尔萨愿意利用一切机会做些事情来帮助更多的人。于是她开始和我们一起创业。

在业务刚刚开始几个星期的时候，我们就知道当下首要的任务是要想办法找到更多的网上借款人。除了在乌干达的摩西，我们还需要发展一个团队来为我们寻找创业者，以满足贷款人的需求。切尔萨率先着手这项业务，通过随机联系和互联网搜索等方法找到很多愿意与 Kiva 合作的小额信贷机构。她经常熬夜加班直到凌晨，给那些可能成为合作伙伴的小额信贷机构打电话，到了白天她再补觉。她的付出让 Kiva 在保加利亚、尼加拉瓜、加沙和柬埔寨找到了我们的第一批合作伙伴，这离我们发出 Kiva 启动的博客文章才短短 3 个月的时间。就其本身而言，这是一个令人难以置信的成就，特别是 Kiva 刚刚进入小额信贷领域，在这之前没有任何的业绩记录。

2006 年初，又有两个人加入我们的团队，他们是杰里米·弗拉泽和菲奥娜·拉姆齐夫妇俩。他们刚刚从饱受海啸蹂躏的泰国旅行回来，收获颇多。我的前任老板和导师，来自乡村企业基金的布莱恩·莱嫩把他们介绍给我们。布莱恩又一次（而不是最后一次）的帮助改变了我们的事业。杰里米，一个天才的开发人员，立即和马特一起一头扎进建设网站的工作。他们迅速做出重大改动，把原先简陋的三个页面变成了一个充满活力并且具有市场竞争力的网站。菲奥娜充满活力的个性使她很自然地成为公关大师。事实上，第一年菲奥娜工作集客户服务、会计和公关于一身。

几个月后，普莱姆·沙阿加盟我们。普莱姆在贝宝工作时就和我们有着相同的梦想。他居然在易贝上贴出自己在印度的小额信贷机构的客户想看看是否有人会回应。（贷款申请几乎立即被易贝的监察部删除，但我们都很钦佩他的这一大胆举动。）他不仅仅是怀着一个共同的愿景加入了 Kiva 的团队，而且他经验丰富，技术超群，对于我们的项目抱有极大的热情。令人惊讶的是，他还促成了 Kiva 与贝宝的合作，使顾客在 Kiva 平台上能够免费交易。贝宝做出一个从未有过的举动，向 Kiva 捐赠免费支付处理程序，并且一直坚持到现在，每年为我们的平台节省数百万美元。这仅是普莱姆对 Kiva 做出贡献的第一步。

此后不久奥拉纳·克汗加入了我们。奥拉纳对微金融和公民参与满怀信心，而且她在科技和运营方面的经验正是 Kiva 急需的。

她先是找好我们的第一个办事处地点，然后从她的前雇主谷歌那儿募捐来办公设备，最终确保我们都有医疗保险，并且建立完善的人力资源政策，完成无数其他的工作。正是奥拉纳让我们的团队成为一个真正的机构。

其他优秀的团队成员随后加入了我们，像本·埃尔伯格和米歇尔·克雷格，他们拒绝了其他的工作机会，义务地来为我们工作。Kiva一有了资金就很明智地雇了他们，并且很幸运的是他们一直留在Kiva工作多年。

Kiva能够成功，是因为切尔萨、杰里米、菲奥娜、普莱姆、奥拉纳、本、米歇尔和Kiva在起步阶段的支持者们的无私奉献，他们组成了我们的核心家庭。

让公鸡先吃

很快，小家庭成长起来了。但如何更好地成长？怎样为年轻的机构赢得越来越多的支持者？他们应该如何引导他人从事更有意义的事业？他们应该怎样让远隔千山万水分散在世界各地的一大群人之间彼此忠诚，有归属感，甚至有一家人的感觉？

有一天，我喂鸡的时候，突然发现了这个秘密。或者，它们至少暂时是我的鸡。我是这样解释的。

几乎每次访问东非的偏远农村家庭，都会出现这种情形：他们热情地跟你打招呼。每个人都会停下手里的活儿，走过来打招呼，让你觉得自己非常受欢迎。然后，他们把最好的东西送给你。通常即使不是吃饭时间，他们也会请你吃顿饭。你会觉得不好意思，有时候会觉得不习惯每次访问都要受到一次格外慷慨的招待。你吃，你吃，还是你吃。每次都得让你吃得再也吃不下去为止。最后，你离开时，这家人还会送给你礼物，也许是一只扑棱着翅膀、咯咯叫的小鸡（或者是公鸡或者是火鸡），哪怕这是他们家里唯一的一只鸡。对于你来说，最礼貌的做法就是：接受这件礼物，并且随身带上它一起坐进小汽车，或者带着鸡登上公交车，或者带着鸡骑上自行车，反正只要是带上鸡和你一起坐上回家的交通工具就行。如果你乘汽车或公交车回家，就得把鸡放在腿上或者地上。如果你骑自行车回家，你就得绑住鸡腿，把鸡挂在车把上。通常这种情况就是得这样处理。

回到住处后，你有几种选择：（1）晚餐就把鸡吃了。（2）先养着。让鸡再活两天，直到你有胆量杀鸡，清洗，然后吃了它。（3）把鸡作为礼物送给你下一次要拜访的人家，这样你就不用选择前两项了，有人会做出第三个选择的。

大多数情况下，我选择第三个选项。但是，你要注意的是，鸡非常擅长找到回家的路，所以如果你打算把鸡当作礼物送给其他人，你得确保这两家生活在不同的村庄，而且两家离得越远越好。在我身上不止一次地出现了这种令人尴尬的失误，我把某个人家送的鸡又转送给同村的另一家，然后鸡跑回原来的主人家了。一开始送礼物的人会觉得要么是你把礼物掉在回去的路上了，要么就是你不想要这件礼物，故意把它给放回来。这两种情形都让人很尴尬，因此尽量不要让这种情况发生。

有时候，轮到拜访下一个对象还得要一段时间，没法儿马上把鸡作为礼物送给其他村民，我就把鸡当作宠物养一段时间。我给鸡起名字，喂它们，观察鸡和鸡之间的相处之道。

有一次，在乌干达我一下子攒了六七只母鸡和一只公鸡。当时我的住处是我在东非住过的最好的地方之一。有天下午，我把母鸡和公鸡放在院子里，抓起椅子和我的日记，坐在附近。我一边想一边写，一会儿会抬头看看鸡在做什么。我还带了一些谷物喂它们。对我来说，观察和饲养鸡很有意思。对于我的乌干达房东来说，在一旁看我做这些事情似乎已成为一种消遣。

一开始，我蹲下来，把手伸出去给鸡喂食，想看看它们是否会来找我。它们都避开我。于是我站起来，从远处把粮食扔给它们，然后在远处看着。公鸡是第一个过来吃食的。它咯咯叫着，四处看看，啄起粮食先不马上吃，然后吐到地上。它一遍又一遍地这样做。我不知道是粮食不好，还是公鸡病了。我走过去看了看鸡食，鸡也趁机散开了。看到没有什么不对劲，所以我走到一旁再继续等待。公鸡又重复了之前的动作。但是，其他几只鸡看了看它，随后开始吃食。母鸡开始吃食后，公鸡也开吃了。

那天晚上，吃晚餐时（根据记录这次晚餐没有鸡肉），我给我的乌干达朋友迈克尔讲了我下午见过的事情。他笑着跟我解释这没什么不对劲的地方，公鸡是在履行职责。"公鸡就像领袖。"他说。迈克尔养了一辈子的鸡，他给我好好上了一堂课。他解释说吃食的时候公鸡用行动来和母鸡交流，邀请母鸡和它一起吃食。母鸡则往往需要一只公鸡当领头的来找食物，今天下午的那只公鸡就是这样做的。迈克尔接着解释说，公鸡在鸡群受到威胁时要保护鸡群免遭侵犯。迈克尔讲了很多曾亲眼看到的公鸡和其他各种动物打斗的事情，以前我根本没有听说过。迈克尔讲的故事都让我忘了吃饭。

不过，我很高兴迈克尔就公鸡的问题给我上了启蒙的一课。他让我认识了一个道理：要保证你的团队健康发展，最好的办法是找到强有力的领导者来加入你们，然后让他们来领导团队。母鸡不吃我手里的粮食，但是只要公鸡吃粮食，它们就会跟着吃起来。

这说起来很简单，如果你现在在做的工作是你非常关心，并且投入很多心血的工作，是你在这个世界上最看重的东西，那么就很难把领导权拱手让给他人。这需要谦虚的品质，你要有能力委托他人承担工作职责，同时也要有能力放弃控制欲。你必须真正地乐于看到发生积极的变化，即使这意味着不是你造成的这种变化。

Kiva 的理念就是团队每一个参与进来的人都是平等的，都是伙伴关系。我们的目标是给人们自由，提供各种信息，帮助他们不只是在团队中做出自己的贡献，还要成为团队的领袖。作为一家 501（C）（3）非营利性机构，Kiva 是公有实体，所以团队中所有的人都有义务让这个集体变得更好，更强大。举例来说，在各种社交网络平台上出现的几十个贷款团体都既有活力又非常独立。这些基于贷款人支持的团队在过去几年带给 Kiva 很多有价值的回馈和建议。Kiva 的贷款团体都是个人贷款者组成的独立团体，不受 Kiva 的监督或指导，贷款人之间相互竞争，力争让自己成为向穷人贷出款项最多的那一个。任何人都可以组建一个团队，然后将集体贷款加在一起。有数万人自发地组织这样的团体。有趣的是，排名前两位的贷款团体是"无神论者，不可知论者，怀疑者，自由思想家，世俗人文主义者，以及非宗教人士"和"Kiva 基督徒"。贷款团队的成员来自各种机构和行业，例如学校和校友会，当地社区、企业，以及各种团体等。

如果你在这个世界上想要实现某个强烈的愿望，那要你放弃对他人特别是对其他领导人的控制是不太可能的。但是，当其他人都渴望助你一臂之力时，他们会以更有效甚至是令人惊讶的方式帮你实现这个愿望。他们可能会提出新的想法，或采取你可能无法想象的行动，并且他们的成就会超越你的期望。没有他们，你将无法获得这样的成功。

大多数团队都会有天生的领导者出现，他体现了团队的价值观，以自己的行动奠定团队基调成为榜样。授权给这些天生的领导者，不仅仅是给他们权限，还要给他们额外的帮助和资源让这些人来影响其他人；让他们获取信息将有助于他们了解大局；给予他们权力让他们能够决定资金资助问题；给他们提供资源来奖励他们所在团队的贡献；鼓励他们学习和成长；尽管他们有时也会犯错，但是要让他们承担风险，真正地承担责任。

伟大的领导者的价值观就是一个团队的价值观，并通过他们的所作所为把这种价值观传达给其他人。让这些人和你的团队一起茁壮成长。让任何人都能很容易地融入团队中，做他们想做的事情。给你的领导者真正的控制力，让他们拥有真正的责任感。那些和你观念一样的人会被领导者所吸引，并且参与到你的团队建设中。

导游茜茜：找到一条船

加利福尼亚州，圣地亚哥
2011 年

像布朗森和克莱叔叔一样，茜茜·萨耶尔是 ProFounder 公司最早的客户之一。茜茜在圣地亚哥开一家鲸鱼观赏和生态旅游公司，公司的名字叫蓝色海洋探险。她在南加州海岸用一条刚性充气船开展各种鲸鱼和海豚观赏之旅。她的船仅能容纳 6 名乘客，船上很挤，但是速度很快，风平浪静时船的噪音很小也很稳当。茜茜做了几年这个业务后，发现自己需要一条新船，于是决定集资买船同时拓展业务。她做了一个详细的预算，列出了每个项目需要的成本，使愿意投资的人可以理解这笔钱的用途。总预算超过 9 万美元，其中 6.5 万美元要用来买条新船。

她宣传自己的集资需求，但投资者注入资金速度太慢，她真正收到的捐赠很少。看起来这 9 万美元似乎太遥不可及了。茜茜开始变得沮丧，想着要放弃这个计划。

"我准备把我的梦想束之高阁，打算到哈瓦苏湖做渡轮船长的工作，"她告诉我，"我已经决定，去那里工作 5 年，省下钱来买条我想要的船。"

几个星期的努力之后，9 万美元的集资还是没有完成，而且她的最后期限也快到了，晚上临睡前她不得已接受了自己失败的现实。这意味着她将不得不归还已经从投资者那儿筹集到的数目不多的钱。她心情沉重地上床睡觉了。

第二天早晨 5 点 30 分，电话响了。是茜茜的一个朋友打来的，他没有能力为茜茜投入大量资金，但一直都在鼓励她，支持她。这个朋友告诉茜茜一条很有意思的消息。他知道茜茜需要一条新船，几个星期以前他仔细看过筹款计划，知道茜茜的需求是什么。因此当他看到当地洗衣店公告板上的一则广告时，他想到茜茜的买船愿望。这则广告要卖的正是她所需要的一条 21 英尺（约 6.4 米）的刚性充气船，船还很新，只要 1.8 万美元。

茜茜迅速采取了行动。她根据广告上非常低的新价格调整了自己的预算，一下子就拿到足够的投资资金来实施自己的计划了。几个小时后，就在当天，茜茜买下这条船、一个新引擎和一辆拖车。

因为茜茜让其他人分享自己的梦想，在朋友的帮助下，她以一种完全意想不到的方式得到了自己想要的东西。虽然不是所有的人都可以提供资金支持，但有时他们所能提供的帮助对于我们实现梦想已经是绰绰有余了。

第九章

意外收获

建议比金钱重要

2005 年我在肯尼亚负责乡村企业基金捐助之旅时，我第一次见到鲍勃·金和他的妻子多蒂。我们六七个人参观乡村企业基金在当地的运行情况。参加这个 7 天的旅行的大部分个人都捐赠了很多的钱，他们急于见到捐赠的受益人而且想看看自己的慷慨捐赠产生了什么样的结果。

早晨 5 点，鲍勃和多蒂就推开我们所在的宾馆的前门，当时其他人由于时差问题还在昏昏沉睡，被叫醒时大家还有些迷迷糊糊的感觉。虽然经过一夜的艰苦旅行，鲍勃和多蒂还是声音洪亮，情绪高昂，眼睛瞪得大大的，对一切都感到很新鲜。我们其余的人却都筋疲力尽。刚一见面，我就知道自己在接下来几天的旅行中和这两个人的接触会给我带来一些特别的体验。鲍勃和多蒂当时有 70 多岁，但他们是我见过的或正在打交道的人中最有激情、最热情、最有活力的环球旅行家。他们直接讨论项目，问了很多问题，拍了一些照片，和我们行程中遇到的许多创业者直接对话，也是我们这个团队中最活跃的捐赠者。

在接下来几天的行程中，我和鲍勃一起坐公共汽车在内罗毕坑洼的公路上一路颠簸去看一些小额信贷项目。我向他介绍 Kiva 准备推出的一批试验性贷款，问他怎么看待要把最好的和最聪明的人引入团队这个问题，我还向他咨询了营销策略以及无数其他的问题。最令人印象深刻的话题是募捐。我承认，当我建议人们给我过去工作过的非营利机构捐款时，有时我会感觉不舒服。鲍勃告诉我，以前也一直有人劝他捐款，而且他也告诉我自己对于这些经历的看法。（当时，对于鲍勃和多蒂的慷慨我了解甚少。后来我才知道，这对夫妻是享誉硅谷的捐赠人。仅在 2011 年，他们就捐赠 1.5 亿美元成立了斯坦福经济发展创新中心，中心就设在斯坦福大学的商学院，这是该大学曾经收到的大额捐款之一。）

鲍勃告诉我，那些劝他捐款的人通常是有备而来，总是大谈特谈自己的机构或有关他们筹集资金准备推广的项目。但大多数的时候，这些人似乎没有兴趣听鲍勃对他们的项目或计划的看法，而鲍勃在投资领域的职业生涯取得了令人难以置信成功并且积累了大量的财富。他说很少有人从咨询经验开始展开话题，也很少有人问他对于非营利机构的看法。他们通常都是直奔他的支票簿，很明显把他当作一个通向目标的桥梁。这使我想起，童年记忆中的一个愚蠢的卡通形象。还记得《兔八哥》中的塔斯马尼亚大嘴怪塔兹吗？小个子的棕色袋獾胃口特大而且脾气暴躁，一发狂就会不停地旋转出灰尘龙卷风？要是他饿了，他眼里的兔八哥就化身为食物，就像一个大鸡腿或一块牛排。某些专业的筹款人士似乎就是这样看待潜在的捐助者的，只不过他们看到的不是鸡腿，而是美元。

鲍勃觉得自己的专长被忽视，因此感到失望和伤心。我没有想过要成为一个塔兹型的筹款人，不想在向人们筹款时让他们有鲍勃的那种体会。我请他给我一些建议。我能做到的就是在自己筹集资金时以确保没有无意中让别人有这样的感觉，而且还要让人们知道我们的机构需要钱支付员工报酬和维持机构运转。他看着我，说："不要把人看作是达到目标的工具。如果你只是要钱而忽略了人，你们的交流就会很快结束。最好是他们给你一些建议。首先要征求人们的意见，请他们参与进来。如果他们真能参与进来，他们就会捐款。只想要钱，就会只得到建议。但是，征求人们的建议，真正想方设法让人们参与进来，你会收获很多，包括他们的资金。然后你就会得到最好的结果。"

我永远不会忘记鲍勃的建议。我和那些已经与我们共事或正在考虑与我们共事的团队有过无数的交流，其中包括朋友、志愿者、工作人员、捐赠者、风险投资人，等等。在交流中我始终记得我面对的是一个人，而不是一个银行账户。

了解和判断别人可以做出的独特贡献。你的团队确实需要那些能够提供资金支持的人们。但不要忽略同样可以做出成就的另外一些人。让人们参与其中。从关心你的工作并且愿意帮助你的人那里，你得到的最有价值的东西不是金钱。

坦率地提出要求

Kiva 正式启动近一年的时候，我们还无力支付最早和我们一起工作的员工的工资。我们觉得是时候开始募集捐款用以支付日常开支和员工薪金了。起初，我们试图从网上通过贷款人筹集资金，但效果并不好。我们早期的形式非常简单：在网上给贷款人两个选择：捐款或贷款。很明显，人们感到有些不理解。因为网上贷款是一个新的观念，但是一提到"捐赠"或者要求人们"给钱"而不是"出借"就把这潭水搅浑了，并导致大家对我们的核心业务零利息贷款产生误解。我们只好回到最初的情形，重新强调我们的宗旨即 Kiva 推行的是贷款活动，而不是捐赠，并且为了避免任何混淆，我们删除了网站上的捐款选项。

所以，我们资金的募集主要依赖于线下、家人、亲近的朋友，以及少数董事会成员的交流。我们收到了很少但又是很慷慨的捐款，一次会有几万美元。我们启动后第一年的年底，已经收到大约 12.5 万美元的捐款。但这些钱很快就花完了，我们认识的人中能捐出这样数额的只有那几个。到 2006 年 10 月董事会成立的时候，我们的银行账户上只有 1.5 万美元。这只够一个月的运转支出。虽然我们已经促成了 50 万美元的贷款，但我们维持运转的资金已接近用完。我们不知道什么下一步该怎么办。

一位董事会成员告诉我们，如果我们确实走投无路了，可以给他打电话。需要的话，他可能会变卖一些资产，但我们不希望走到这一步。作为最后的努力，我们不情愿地决定，我们应该恢复捐款选项，即贷款人在线贷款的同时要捐赠实际贷款额的 10%，也就是说给每个创业者 25 美元的贷款中有 2.5 美元要作为运营费用捐给 Kiva。我们非常担心人们会因为不理解而生气。毕竟，我们一直在广泛宣传，Kiva 是一个借贷平台，并且竭尽所能地让人们以贷款人的身份参与贷款活动。我们认为，除了要求大家贷款还要求他们捐款，可能会再次让人们误解我们的宗旨，或者更糟的是，可能会适得其反。不过，这在当时似乎是我们唯一的选择。因此，我们精心修改请求捐款的措辞。我们把位于旧金山教会区办公室的图片放在网上，让人们看看斑驳的砖墙和窗户上破旧的栏杆，请求人们帮助我们支付租金，希望这些放在网上的图片能起到最好的效果。

令人惊讶的是，和前几个月相比，这一次每笔贷款附加一份小额捐款的方案取得了很好的效果，并没有给贷款人造成很大的困惑，而且大部分贷款人都积极响应，他们不仅乐于贷款也乐于捐钱。很显然，几个月来我们专注贷款业务的努力有了效果，大多数人对我们的贷款业务有了深刻的理解。此外，对于捐款的清楚表述让贷款人不再感到困惑。

更令人不可思议的是，贷款人的积极响应制造了某种惯性效应。他们的参与让那些想要捐助的人看到我们是一个有发展前景的团队，这些准备捐赠的人也愿意加入到捐赠行列里来。

Kiva 成立一周年纪念日的两个星期后，即 2006 年万圣节前夕，公共广播公司的前线 / 世界播出关于 Kiva 的特别节目。网站直线上升的人气成为我们推进业务而特别需要的催化剂。几天之内，网上每天的放贷量已经跃升至以前的 10 倍，网站竟然因为访问量过大而瘫痪了几天。我们的合作伙伴最大可能地跟进，并在网站上提供了越来越多的借款人的档案来跟上贷款速度。来自世界各个地区的每一份档案都是独一无二的。正是这些档案展示了一个丰富多彩、五花八门的网上创业者社区：柬埔寨种菠菜的农民、加沙的木匠、加纳的养蜂人、乌干达的裁缝、尼加拉瓜的热狗店老板，以及其他更多的创业者。

Kiva 摆脱了困境。但是只靠我们自己是不太可能成功的，是贷款人拯救了我们。我们不敢向他们要求更多，但他们却更进一步付出。他们让我们感到吃惊。他们证明自己乐于支持 Kiva，并且他们对于 Kiva 的支持方式超出了我们的预期。他们给我们上了一课：那就是我们应该永远不要害怕提出我们的需要和要求。

上奥普拉的脱口秀节目

我注视着脱口秀节目女王：奥普拉·温弗瑞。在明亮的灯光下和现场观众面前，她和马特像老朋友那样在聊天。现在她转过身来对着我。两个摄像头静静地转过来对着我的方向。那是 2007 年夏天，Kiva 已经启动有一年半的时间了。这是迄今为止我最紧张最有压力的时刻。我很清楚地知道，在接下来的几秒钟中，我的每一句话，每一个表情，都会关系到 Kiva 的形象，关系到收看这个节目的数百万人，关系到他们当中是否会有人打开网站了解我们。

我的心跳加速，甚至可以感觉到血液冲向我的脑袋，耳边有嗖嗖作响的声音。我尽可能地集中精力。刚才奥普拉问我什么？

我敢肯定她的问题很泛而且没有标准答案："你是怎样做到这一切的？"对于这个问题，好处是我怎么回答都可以，坏处也是我怎么回答都可以。我不知道自己看上去是不是很紧张，因为我觉得在炙热的灯光下，我的眼皮及脸颊因为要上节目而化了妆，现在都已经僵硬了。纷扰的思绪、奥普拉的鞋子（非常名贵的鞋），以及同在现场的克林顿总统——他还提到了我的名字，这些都让我有些走神。

在节目中，你不能要求奥普拉再重复一遍问题。所以，我深吸了一口气，笑了笑，眨了眨眼，瞪大了眼睛。想想，杰西卡！再想想！

两个星期前，哈波工作室给 Kiva 办公室打电话，邀请我们参加奥普拉·温弗瑞的节目，当时我们还以为那是一个恶作剧。电话另一端的人向我们保证邀请是真的，她是认真发出邀请的。她非常了解 Kiva，了解这个机构的最新统计数据和我们的个人生活。而且她还知道我们将要出现在两个星期后出版的比尔·克林顿总统的新书《给予》中。奥普拉要在节目中就这本新书采访克林顿总统，我们作为书中出现的人物也被邀请参加节目。

我们接受了邀请，然后开始了忙乱的准备工作。我们练习回答每一个可能遇到的问题。我们去做头发，还去买新衣服。为了加强对节目的了解，我们利用晚上的时间看奥普拉以前的节目。我们甚至以一个小时几百美元的高价请一个公关人士对我们进行基本的媒体培训。说实话，训练不是很有用，但至少我们以后就不用再进行此类的培训了。

然后，到了上节目的那天早晨，我们提前到后台准备录制节目。

我坐在休息室的椅子上化妆。一个人用化妆刷给我的脸上妆，而另一个人先是拉直我的波浪卷发，然后又小心地把我的头发做成卷曲状，又刷又梳，最终把头发做成波浪状（我觉得这个发型和我以前的一样）。另一个人给我熨衬衫。还有一个人挑断衬衫上的线头。有一个人给我拿了好多次咖啡，到离开的时候房间里留下三杯咖啡，那时候我根本不喝咖啡。就在我以为完事的时候，有位女士拿着写字板走进休息室，她看上去比其他人更严肃。她先跟我们谈论了一些细节问题，然后转入正题："好的，朋友们。你们马上要录节目了，我们来熟悉一下你们的那部分节目。虽然这里没有什么剧本，我还是想给你们提示一下温弗瑞女士可能会问到的一些问题。而且，根据对你的了解，我们已经起草了一些答案，回答问题时你可能会用到。"

这些话让我大跌眼镜。我不需要别人告诉我该说些什么！非常感谢你的提示，但我要说我想说的话。

我还没来得及抗议，这位女士就开始读温弗瑞女士可能会问到的问题，并建议我答案可以是以前的采访中我说过的话。这个举动彻底征服了我。当我听到她飞快地说出可能的答案时，我平静下来了。这些回答太棒了。他们的团队做了一件令人难以置信的工作，他们把我以前说的话拼凑起来，草拟出我可能想说的答案，而且比我自己说得更好。

那一刻我学到了太多的东西，不只是提问的艺术，还有回答问题的艺术。虽然一开始我觉得，别人以为他们知道我应该说什么简直是冒犯我了，但是当我平静下来并且听听他们的说法，我知道了他们是如何看待我的，而且他们发现了迄今为止我的人生历程的一些有趣的东西。

当然，在节目现场温弗瑞女士没有问我在后台准备的问题，就连类似的问题也没问。她都是脱稿即兴地问一些开放式的问题。她问我过去的一年半对我来说意味着什么？我有什么样的感受？我的头脑里瞬间一片空白。我回头望着她，做出自信的样子，然后开始回答问题。我一张开嘴就说出"这是……令人难以置信的……"之类的话，然后就滔滔不绝地说起来。我告诉大家能看到一些人摆脱贫困是多么美妙的一件事情。我说出来的句子大多都是完整的。我使用了适当的手势。我的眼睛湿润了，流下了眼泪，但我在自己失控前就停了下来。（顺便说一句，这不是媒体培训教给我的情绪反应控制。我还想大哭一场呢。）然后一切都结束了。

几天后这期节目播出时，我正在瑞典进行一项 Kiva 的工作。我想从电话里听几分钟节目，我妈妈在匹兹堡家里的客厅看电视，她把话筒凑近了电视机的扬声器让我听节目。接下来的几天里我一直和团队成员保持联系，他们告诉我节目播出后，由于访问量过大已经造成了网站的拥堵，其实这正是我们所希望的。随后，成百上千富有同情心的人捐赠 10 万多美元给我们，如果温弗瑞女士下次打电话请我们上节目的话，我们就能买到更大的服务器来处理网站的负载了。

雕塑家肖纳：专门定制

南非，开普敦

2012 年

肖纳·麦克唐纳看到她的顾客玛丽坐上了崭新的轮椅，她幸福地笑了。玛丽由父母推着，兄弟姐妹簇拥着，他们为她感到骄傲，每个人都把手放在玛丽的新轮椅上。

人们从南非各地赶来找肖纳寻求帮助。

例如，几天前，一个老妇人和5岁的严重残疾的孙子来找肖纳求她帮忙。孩子不能走路，所以他奶奶用衬衫和叠起来的被单把他绑在背上。肖纳告诉我，类似这样令人心碎的一幕并不少见。"这些妈妈们就像绑婴儿那样把一些大孩子绑到自己的背上。一些人要把孩子背到青少年时期，而且每个人的情况都非常糟糕。妈妈们到那个时候几乎不能走路了。"

我觉得自己非常幸运能见到肖纳，她是南非肖纳设备公司具有远见卓识的创始人和总经理。2009年春天，当时我给现在的斯坦福大学商学院院长加思·塞隆纳教授写案例研究。这项研究源于高盛投资公司"巾帼圆梦"万名女性助学计划项目，旨在突出世界各地有才华的女性创业者。在开普敦我们坐在肖纳家花园的阴凉处，她给我讲她的非凡的故事。

1981年，肖纳的第二个女儿雪莉出生了。雪莉一生下来身体就多处残疾，不会说话，几乎完全失聪，并很快被确诊为脑瘫。肖纳和家人知道他们为了照顾好雪莉必须在家里做一些调整。他们没有料到的是周围的人都劝她放弃雪莉和雪莉的未来。"我非常震惊，"肖纳说，"医生都说这样的残疾孩子是没什么用的。专家居然告诉我把雪莉放在家里，然后再要一个孩子，重新开始，因为我们不能指望雪莉什么。真是令人难以置信的悲哀和无助。"

肖纳立刻开始调整每天的日常活动来照顾雪莉。一方面是出于女儿的需要，另一方面肖纳相信雪莉的潜力远远超出了医生曾告诉她的那些。随着雪莉能够回应肖纳对她的训练，这种信念一遍又一遍得以强化。肖纳找到了她可以找到的所有的工具和学习方法，使用游戏、手语和符号开始在家里教育雪莉。

肖纳不断地调整这些工具和教材来满足雪莉在学习上的需求。她调整家里的日常用品和家具，从而能更好地适应女儿的能力。例如，她发现雪莉坐着或躺着会对某些行为产生不同的影响。"我开始认识到，如果我们坐的姿势不舒服，和别人之间的交流就会产生问题。"她说，"如果孩子的身体不能保持正确的姿势，我们就不可能教会他们学习。"雪莉的残疾程度很高，仅仅是用靠垫或者枕头增加她的座位高度是不够的，她需要更合适的器械，让她的身体无论在什么地方都能得到有力的支撑。

所以肖纳根据女儿的需求寻求更好的解决办法，但是她没有成功。大多数为雪莉这样的严重残疾人士设计的辅助设备都是标准化的。因此，对于那些最需要这些设备的人们来说，这样的设备往往是无用的：因为那些人的残疾程度高，病情也非常复杂。对于儿童来说，这种情况尤为突出。肖纳觉得妄想制造一种标准型号的辅助设备来满足那么多人的需要简直就是疯了。正如她所说，这就像"在超市的柜台买假牙或只有一只眼睛能看见的视力残障人士买眼镜片"。

作为一个艺术家和雕塑家，肖纳决定自己来做设备。起初，她做出来的设备并不适用，雪莉根本无法使用。但是肖纳认为，做这样的设备的过程类似于她做雕塑。她知道雕塑作品在一开始看起来并不像雕塑：真正的艺术品深藏于黏土、木材或岩石块中。要想完成这样一件作品，她必须目标坚定地坚持下去。她必须塑形、打磨，凿掉多余部分，最终才能完成一件成形的作品。一件真正的艺术品只有在漫长的创作过程中经过多次打磨才能从原材料中产生。

于是，她坚持了下来，根据雪莉的需要调整她的设计。肖纳做的设备一点一点地得到改进，能够支撑雪莉让她坐起来，和人沟通、学习、成长。

随着雪莉的长大，她的需求不断变化。肖纳的设计也同步跟上，每一个阶段都有一个新的设计。肖纳越来越坚定不移地相信自己设计的设备能让雪莉生活得更好，也能让其他像雪莉一样的孩子生活得更好。她开始相信，一把设计合理的座椅，不仅能够满足坐在它上面的人的需求，更是孩子成长的关键。"这不只是一把椅子，也不只是让孩子坐上去感觉舒服就可以了。你需要了解孩子的需要，然后为他们造出最能满足他们需求的椅子。这比其他的方法都要有效。"

肖纳做这些设备时非常迫切地要达到完美的效果，到雪莉两岁半时，她已经造了很多椅子，其中还包括电动轮椅。她和开普敦大学的一些朋友一起设计制造的电动轮椅是南非有史以来的第一辆电动儿童推车。

肖纳很快就开始为朋友的残疾孩子制造椅子和电动车。人们对椅子和电动车的需求量很大，她每天的时间都用来做椅子。她一开始是免费为大家做椅子，过了一段时间后，她的朋友们都坚持要求她收费。肖纳勉强同意了，并且在 1992 年正式注册肖纳设备公司。

肖纳设备公司自成立开始就迅速发展壮大，目前的业务包括设计、制造轮式移动设备、生产配件以及为中度和重度肢体残疾人生产辅助和替代交通设备。公司一开始设在肖纳的车库里，只有两名员工，现在则有几十个技师、裁缝和治疗师。迄今为止，肖纳设备公司直接帮助的孩子超过 7 万人。由于不懈努力，肖纳设备公司不仅在社区倍受大家钦佩，而且改变了周围人对残疾人的看法。

但我对肖纳设备公司的钦佩源于它出现的原因。肖纳出于对女儿的爱，希望给女儿提供最好的一切，她找到了对于个人来说最好的解决方案。她怀着伟大的爱心，关注每一个细节，每天改善一点点。随着时间的推移，肖纳设计出和其他产品相比具有明显特点的产品。她是迭代设计过程中的高手，而这个过程最终制造出真正的创新产品，并且打造出一个服务大众的强大团队。

第十章

发明、迭代、重复

设计变革

2007 年春天，Kiva 刚刚成立一年半的时候，我在斯坦福大学商学院忙于第二年的学习。我选修了一门新课程——"末端购买力设计"。不过这门课不是在商学院开设的，而在斯坦福大学设计学院开设的。被称作"末端"的这门课程开设两个季度，是一个多学科基于项目的课程，主要引导学生为世界上最贫穷的人设计产品和服务，深受学生欢迎。学生和课程合作伙伴一起工作，解决现实问题，课程结束时要真正实施一个项目。这对我来说是个做梦也想不到的好机会，因为我一直想学习设计和规则。当时吉姆·帕特尔教这门课程，同时他还主持设计学院的工作。多年前我在斯坦福大学工作时就认识吉姆·帕特尔，而且我特别想跟着他学习。

我们班被分成几个小组，每个小组都包括商学院的学生、工科学生和文科生。我们的任务是为缅甸农民设计低成本的可以广泛应用的新型产品。起初，我的团队决定设计一种水泵。但很快我们的很多设想就被否定了，而且否定的理由非常充分。我们用金属和竹子做成样机。"女性不能够使用这样的踏板，"一个队友一边说，一边指着像班霸牌健身器但样子有些粗糙的样机，"她们会觉得这样的动作太夸张。上下水泵时，来回得这样走，她们的臀部得这个样子扭动。"他做了一个示范动作，我们都笑了起来。我们中有一半的同学都曾利用自己的春假采访过很多缅甸农民，了解他们的生活。所以尽管我们都觉得他的样子好笑，还是把这个信息记下来了。

最终，我们选择廉价蓄水问题。这在缅甸是一个大问题，但是人们负担不起。通常情况下，农民必须从井中抽水，把抽出来的水临时存储下来，然后用水罐运到地里去浇灌庄稼。人们在地面挖简易的洞存储抽上来的水，然后再来灌溉作物，因为这样做很简单而且成本较低。然而，因为大量的水会渗透进地面，所以有时候水抽到地面后就浪费了。一些富裕的家庭用混凝土或金属容器储存抽上来的水，解决了渗漏问题。但是，这些方案对于多数农民来说过于昂贵。我们不想要成本太高的解决方案。购买能力是我们主要的设计依据，所有一切都以此为出发点。例如，我曾以为"耐用性"应该受到普遍关注，但是在这次任务中被排在最后。我们没有打算为客户设计能够用 10 年但是要花 50 美元的一件产品。相反，花 5 美元买件即使只能用几个月的产品，对大多数人来说是个更好的选择。那些"质量好，用得时间长"的产品因为价格太高会永远被搁在货架上没人买，反而是"不太持久耐用"的产品因为价格低人们能买得起而更受欢迎。

我们的团队开始头脑风暴希望找到更好的储存水的方法。我们研究世界各地的蓄水方法，更广泛地考察各种蓄水方案。有一天，我们浏览一家玩具店寻找灵感。水球、鱼缸和水枪能给我们什么启发啊？不过我们还是偶然发现了一个为儿童设计的可充气的游泳池，灵感来了。池子是圆形的，池边稍微内向倾斜。那个形状就像是，把一个非常大的圆锥体尖头朝上放好，去掉从圆锥体的尖头向下90％的部分。水池中的水压使池边保持向上的状态，如果池内没有水池边就会向里瘪进去。游泳池是用柔韧的软塑料做成的，轻巧而且耐用，便于运输。我们购买了儿童游泳池和一些防水油布，回到了设计学院，打算在此基础上设计蓄水袋。

我们缝好了第一个蓄水袋，形状有点像儿童游泳池。这个工作困难重重，进展也很缓慢。因为一般的针和线经常在缝合油布的过程中断掉，我们必须用非常结实的粗线和大针。我的缝纫机"罢工"了好几次，所以我们不得不手工来缝。第二轮试验我们尝试着使用胶带。胶带粘得很结实，但我们得花很长时间保证每个点都密封完好。尽管如此，我们觉得还要做个隔夜测试，于是晚上把蓄水袋装满水。第二天，我们发现由于没有把胶带和油布按压结实，有些地方有点漏水。但总体而言，第二个蓄水袋的质量已经有所改善。因此，我们吸取经验教训开始制作第三个蓄水袋。这次我们采取了双保险，既用针缝又用胶带粘。这个比前两个都要好。我们装满水再次测试过夜情况，果然第二天没有渗漏，蓄水袋密封完好。我们花了好多天慢慢改进蓄水袋，最后我们设计出了完美的产品。

整个过程中，我们能够快速地改进模型是因为每个队员都发挥了自己的作用，能够根据各自的分工来完成手头上的任务。工程专业的学生提出调整蓄水袋的角度或者制造某种反压解决结构性问题。文科生帮助我们学习缅甸的文化，让我们了解缅甸农民的现实生活是怎样的。如果我们对一些事情的假设是不现实的，他们就帮我们修正。举例来说，一开始我们认为只有成年人会从蓄水袋里打水，所以我们把蓄水袋的周边设计得很高，但实际上我们需要将高度调整到也适合儿童打水。当然，像我这样来自商学院的学生，就要搞清楚在当地能买到什么样的原材料，成本是多少，怎样配备水袋的效果最好，像这样的产品如何在市场上销售等等。

我们不断地调整，到最后我们制造出一个成本只有几元钱的很棒的产品。我们为制造出比地洞更有效，比一个沉重的塑料或金属容器更实惠的产品而自豪。

现在，一个非营利机构接手了我们的产品设计，开始在缅甸加工蓄水袋，已有成千上万的农民用上了该产品。更棒的是，后来的那些学生团队参加"末端购买力创业设计"实践活动时，秉承和我们一样的观点，进一步开阔思路，明显地改进了蓄水袋。在我们设计出第一批蓄水袋的几年后，设计学院有一个团队看到我们一开始做实验用的几个不同大小、不同形状、不同材质的蓄水袋后，得到启发，利用手工折纸的原理来制造新型蓄水袋。这个团队意识到折纸艺术家可以使用纸做出各种物品，那么他们则可以采取相同的方式使用篷布来制造蓄水袋，这样一来就不需要裁剪和密封了。他们制成的水袋是最佳的三维形状。这样一来，因为没有接缝所以不会渗漏，并且几英尺高的蓄水袋足以装下 120 加仑（约 454.5 升）的水。这个设计不仅避免了渗漏等一些基本的问题，还增加了蓄水袋的高度，因此可以产生足够的压力让农民不仅可以使用水桶浇地，还可以使用软管接水浇地。他们把产品改名为"万能水罐"，这款产品很快就替代了我们设计的第一代蓄水袋。现在缅甸的这种水罐的售价不到 5 美元。

故事还在继续。一个小组派成员到缅甸继续了解产品情况，以期进一步地更新设计思路。她发现可以用更少的原材料生产蓄水罐，从而降低生产成本。当时这个设计是有发展前景的，但是在产品完全推向市场之前她就离开缅甸了。此后的 7 个月，产品生产没有取得更多的进展。直到 2008 年 5 月 2 日，缅甸遭遇了纳尔吉斯飓风袭击。

四级飓风造成了巨大的损失，10 万人丧生。许多村庄整个地被夷平了。数以百万计的灾民忍饥挨饿，无家可归。一时间，越来越多的人需要干净的饮用水源。非政府组织和其他团体急于寻找一种廉价、结实的运水容器来解决这个问题。

成千上万的万能水罐得以迅速地生产制造出来后接着装满大量的干净水，同时和取水用的水泵、净化水所需的氯化片剂一起配发给灾民。一整套设备的花费是 40 美元，可以每天给 1 000 人提供干净的饮用水。就在飓风过后头的几个星期里，9 000 多台万能水罐被订购。几个星期后，每天 500 台的产量仍然满足不了需求。经过多年的灵感触发，思考，实验，改错，设计和再设计，再加上各种改良方案，这个不起眼的产品已经能够造福成千上万的人了。

成功不是目的，是在创造世界和实现结果的过程中采取的行动，包括坚持不懈、反反复复的思考，这种对成功的重新定义能够避免沾沾自喜的故步自封，实现真正的可持续发展。具有创新意识的团队每一天都会有进步，不论他们是否已解决手头上的问题。他们能够找到最好的解决问题的方法，并继续领跑一段时间。

构建，检验，学习和重建，一遍又一遍。通过持续的迭代创新来完成你最伟大的工作。

积少成多

有一句斯瓦希里语谚语"Haba na haba, hujaza kibaba"，翻译成英语就是"积少成多"。

通常，小的但是持久的变化很容易被忽视。但随着时间的推移，这些小的改进加在一起，就可能产生显著的有意义的进展。

正如我在设计学院的课堂上学到的那样，迭代设计是创造新的东西，基于反复设计和测试的过程决定什么可行，什么不可行，然后修正（从头开始重新设计）。慢慢地，一个产品或一个想法在这个过程中通过一个个细微的变化逐渐趋于完美，产品质量得到提升。每一次的改进都有一些进步和提升。有时候，还会有更大的收获。

肖纳的设计不是一夜之间完成的，但是她每次都有一点改进。有时的调整非常小，比如换掉枕头，利用一个卷起来的毯子让雪莉坐得更直一些。但有时候就得做一辆全新的轮椅，看上去轮子又大又笨重，更适合农村地区坑坑洼洼的地面。这种轮椅和市场上的轮椅完全不一样。

为什么我们不能用这种方式每天都取得一些进步呢？不断地测试，学习，调整，然后一天比一天更好？传统观念告诉我们，经过一个长期细致的预备阶段而推出来的产品是最好的。特别是在大型的机构中，我们可以从容不迫地思考，提出全面完整的静态计划，说明最终目标是什么，详细解释为了实现目标将要采取的步骤，预测这些改变或新产品对收入、成本和现金流通会产生什么样的影响。总之，我们要描述未来会出现的各种情况。一旦我们完成必要的研究和审批到位，我们就能够获准研发产品，用几十或数百或数千小时将产品推出，但同时用户的即时回馈信息很少。最后，当一切就绪，我们就可以向世界展示我们新的并且（理论上）更好的解决方案。

现在，这种观念已经过时。用几个月甚至几年的时间研发新产品，却没有充分听取客户的反馈意见，公司就会制造出人们并不需要的产品。更糟糕的是，他们可能已经浪费了太多的资源，走得太远以至于无法回头，最后导致整个创业失败。

肖纳和其他聪明的创业者一样，走的是可持续发展之路，选择了快节奏的迭代方式，即说出设想，和其他人一起反复试验，获得实时反馈。这样的研发过程可能真的很混乱，会让很多人觉得不舒服。一般情况下，人们更愿意先自己着手干活儿，不让别人知道，直到自己把问题解决。这样即使出了什么岔子，也不会有人知道。但对于肖纳来说，她的工作方式则与此相反，她总是根据患者的需要调整自己的设计方案。她认为，要改进设计并找到最佳的解决办法就得在整个过程中不断地调整设计方案。

我工作过的每一个成功的企业都会采用迭代研发过程，并且给每一个团队成员都灌输这样的思想。这种方式在软件和其他许多高科技公司特别容易实现。他们获得数据和反馈的费用便宜，更为方便和简单，有时候敲敲键盘就能做出一些改变。所有企业都可以利用迭代研发原则。

Kiva 的第一个网站非常简单，只有"介绍"页面和"贷款"页面。贷款页面介绍一些借款人的信息，仅此而已。我们知道这样的网站是不完美的，但我们根据客户的反馈，每一天都能把网站改进一点。最终，我们几十个人做出了无数次的渐进式改进。慢慢地，Kiva 成为现在这样一个功能强大、充满生机的网站。

伟大的思想和成功的产品都不可能一蹴而就。很多杰作都是在反复试验的基础上，以退为进，通过迭代方式最终获得成功。

裁缝小李：裂开的缝

中国，北京
_____
2008 年

2008 年春天，我在斯坦福大学商学院有个作业是关于女企业家的案例研究。我到中国北京和中关村的高科技企业家们面谈交流。这是一个位于北京市海淀区的创业中心，被人们称为中国的硅谷。

经过几天的工作，我决定星期六休息一天，然后就从北京飞往上海。我想去纺织品市场，于是经人指点我到了一个叫作木樨园的地方。我穿行于各种纺织品摊位之间，就像是进了一个迷宫，周围到处都是令人眼花缭乱的各种花色的布料。

小李是一名 20 多岁的年轻女子，她和其他摊位上的摊主表现得不太一样。其他人要么坐着互相聊天，要么和我打招呼想引起我的注意。但小李的脸上有种全神贯注的表情，她坐在缝纫机旁全神贯注地干手头的工作。小李的周围是堆成小山一样的各种布料，有一些叠得整整齐齐，堆成漂亮的矩形，有一些则皱巴巴地堆放在一起。她似乎在给一件华丽的红金双色旗袍做收尾的工作，这是一件定制的长款中国传统礼服。在这个没有窗户只是利用日光灯照明的仓库中间，旗袍熠熠生辉。我像是被催眠了一样，感到有些恍惚。

小李感觉到我一直在盯着她看。她停下手中的活儿，抬起头来，问了我一句话："美国人？"我眨了眨眼，摇了摇头想让自己清醒一下："是的。但不好意思，你是怎么知道的？"她眨了眨眼，答道："很容易就看出来了。"

我们开始评论她做的衣服。我当时忍不住问她工作上的一些问题，她是怎么学会的缝纫？生意好不好？她是和其他人合伙做生意吗？

小李的母亲以前也是一个裁缝，教会了女儿所有的裁缝手艺。作为一个女孩，小李会花时间观察她母亲的工作，各种色彩鲜艳的面料和精湛的缝制手艺让她大开眼界。不需要什么特别指导，小李就学会了很多缝衣技巧，比如怎样缝线，怎样打结，怎样把裂开的布边缝好，如何缝直下摆，还有就是怎样把裂口缝结实。

由于李家人的收入勉强维持生计，小李开始帮妈妈干些裁缝活儿养家。她发现裁缝这个工作对她来说不太难，而且自己也很擅长这方面。所以时间一长，小李就成了一个很好的裁缝。后来，小李的妈妈视力变差，双手由于关节炎而变形，没法儿干裁缝了，小李就接了妈妈的班，干起裁缝来。她卖布料，给顾客定制合身的衣服，还干缝补衣服的活儿。她不仅做妈妈教给她的那些，还在这个基础上做出了自己的风格。

小李说她最近买了一台新的电动缝纫机。和那台旧式的手动缝纫机相比，这台新潮的缝纫机意味着速度更快。旧缝纫机就放在角落里，手轮很大，沉重的脚踏板看上去像厚厚的金属边。她的摊子上有各种各样的新旧对比：一个破旧的卷尺蜷缩在一把闪亮的锋利的剪刀旁边；泛黄的服装图样纸旁边的塑料袋里是未拆封的新针，从最小型号到最大型号的针在包装袋里排列着。一些废布头散落到缝纫机旁边的地上，而她身后高高的架子上则整齐地堆着一匹匹崭新的布料。

不管什么衣服小李都能缝补好。她不仅能把两片布缝在一起，还能够根据需要十分熟练地剪裁布料。

小李跟我解释缝补衣服的基本步骤。她觉得了解布料的质地很重要，所以首先要看看布料是怎样织成的。有时候一件衣服因为穿脱而变形，最后变得不合身，原因就在于做衣服的人没有考虑到布料的质地，没有注意到布料本身的特点。经纱、纬纱和斜纹①决定布料的质地。如果裁剪衣服时不考虑这三个方面，面料抻拉不当，磨损就会更快，甚至说不定哪会儿就会撕裂。

小李还要把衣服反过来检查一下。裁缝们都知道，不管缝衬衫、裙子还是其他任何服装，从里面反着缝能把乱糟糟的接缝、线头、线疙瘩等藏起来。当这些东西藏在里面时，就不容易找出问题来。所以，小李总是打开衣服的里侧找出问题所在。

———————————

① 经纱是布料长度方向的线，是布料的核心部分，决定布料的质地。纬纱只是横穿经纱之间的纱线，关系到布料的手感和颜色。斜纹是一种织法，经纱和纬纱的交织点在织物表面呈现45度角，这种织法织出来的面料弹性较强。

小李知道，有时候一件服装看起来很漂亮，但人们穿着却并不合身，这件衣服也就不能算是完美的作品。解决问题的唯一办法就是让客户穿上衣服，这样她可以发现衣服有哪些问题。不放过任何一个微小的细节，即使有一点点不合适，她也要修正过来。小李和客户沟通得越多，就会发现需要修改的地方越多，当然服装就会越做越精致。

最后，小李发现，有时候从头开始是纠正错误的唯一方法。一个好裁缝知道去掉几针，或拆掉一些线，可能是缝补服装的唯一途径。有时，得在某些地方打上补丁，但有些时候，也要去掉多余的布料。这两个办法就是缝补裂缝和从头开始。如果一个裁缝想做出最结实、最合身、最漂亮的衣服，关键的技术就是从头开始，拆线然后重新缝线。

小李的智慧一直伴随着我。

作为一个领导者，如果你能了解自己，了解团队，你就会少走弯路。就像小李掌握布料的质地那样，你要掌握团队的本质，要知道团队在不同方面的实力。只有这样，你才能给自己一个准确的定位，组建团队。

可以这样说，如果你能换个角度从里向外看问题，你就能更迅速、更彻底地明白什么地方出了问题。出现问题不能藏着掖着。反思和内省能够让你对问题有个最直接、最清晰的认识。

最后，即使你最初的选择是错的，虽然承认错误非常痛苦，但如果你不执着于错误的选择，你还是会取得更大的进步。即使你已经做出了成品，你还是要拆线。如果有必要，把拆开的口子再缝上，重新开始一切。

第十一章

开诚布公

完美源于透明

经常有人问我 Kiva 创业以来最难的时刻是什么时候。从开始到现在，我遇到很多挑战，2007 年的春天是我印象最深的一次。

当时，Kiva 的工作达到了新高。3 月份时，《纽约时报》的专栏作家同时也是 Kiva 的贷款人尼古拉斯·克里斯托弗走访了生活在阿富汗喀布尔的 Kiva 借款人，然后报道了他们的经历，随之网站的访问量大大增加。这篇文章在刊登当日成了电子邮件转发量第三的文章，并且 72 小时内网站贷出的款项超过 25 万美元。到了 2007 年夏天，我们共贷出 1 000 万美元的贷款。马特和我还上了奥普拉的访谈节目。我们成功了。

然而随后作为非营利机构我们第一次出现危机。谢尔比·克拉克是 Kiva 驻扎在乌干达的一个员工，他报告说他对 Kiva 的合作伙伴 WITEP（妇女消灭贫穷的倡议组织）工作的真实性表示怀疑。他觉得有一些 Kiva 的贷款人借出的钱并没有真正帮到他们原本打算帮助的借款人。另外，他认为有员工向他隐瞒了什么，而且是不止一个员工。虽然他不清楚到底是怎么回事，但他感觉到有些环节出了问题。我们鼓励他不动声色，静观其变。

经过几周的观察，谢尔比找到了足够的证据来证实自己最初的怀疑。他的证据表明该机构的领导人确实把应该贷给借款人的资金据为己有。谢尔比的调查越深入，他发现的谎言就越多。大多数工作人员都是用假名字。每个人都在骗他。WITEP 的很多董事会成员根本不存在。谢尔比逐渐发现，整个机构是个空壳，包括借款人的档案都是假的。事实上，谢尔比发现有两套 Kiva 和 WITEP 借款人的贷款协议，一套是真的，一套是伪造的。WITEP 是一个大骗局。

谢尔比由于这些骗局的暴露情绪上遭受到沉重的打击，我也非常伤心。WITEP 背后的集团不仅利用了 Kiva 的贷款人，而且伤害了他们。在我们眼前发生的这一切让我们感觉自己太愚蠢了。我们感到非常尴尬。但最痛苦的是我意识到背后操纵整个事件的那个人是我自认为非常了解的一个人，也是我非常在意的一个人：摩西。就是在 2004 年我访问东非乡村企业基金时认识的那个摩西，就是他在 2005 年帮我找到第一批的 7 个借款人，就是我亲密的朋友摩西，那个曾经像兄弟一样的摩西。他到教堂布教时会带上我。我住在他家，和他的家人一起吃饭，和他的孩子玩耍。他甚至给他的儿子起名叫马特。我们的关系非常密切。事实上，我们曾考虑过请摩西做我们在非洲的合伙人。

在谢尔比通报了调查结果之后，我们就上报董事会在非洲发生的一切，并且在第一时间赶到了乌干达。我先在那里待了几天，然后由马特接手，在当地招募一个团队弥补出现的损失。他和摩西谈了很久。我们通过 WITEP 的贷款总额为 25 万美元，其中的一半——12.5 万美元——贷款摩西没有说出去向，这是他从借款人那里抽走的钱。钱已经不翼而飞。

我们遭到毁灭性打击，和东非最重要的关系被切断了。现在我们欠几百个贷款人一个解释。我们要如何告诉他们发生的事情？我们看重透明度，但到现在为止，我们以前只有快乐的事情是透明的，至于最坏的情况也就是由于访问量超大网站不得不关闭几个小时。那些情况下的开放和透明是一种乐趣，很容易做到。但公开这种欺诈情况就不能算是有趣了。

然而，我们没有其他的选择，只能说出真相。所以我们放下自己的脸面，给受影响的 WITEP 贷款人起草了一份电子邮件。我们告诉他们发生了什么事，让他们知道自己的资金还没有真正落到借款人手中。因为我们在银行里还有足够的现金支付我们的开支，我们做出一个正确的选择，就是退还贷款人的钱。（这对于让贷款人承担违约风险的协议是一个例外，因为这是 Kiva 的第一个诈骗案例）我们把电子邮件看了多遍，终于在 2007 年 8 月 22 日把它发给贷款人，然后耐心等待贷款人的回复。

我以为贷款人会有愤怒的反应。我做噩梦梦见早上醒来出门时被记者堵在门口，面前堆满了麦克风，要求我们回答为什么会这么愚蠢。我想象着邮差把巨大的写满仇恨的邮件包拖进办公室。

但是这些事情一件都没有发生。贷款人的反应是非常积极的。大家非常欣赏我们的诚实。他们觉得自己就是真实情况的一部分，虽然这些现状不够完美，但每天都有改善。我们的公开透明使他们更加信任 Kiva。事实上，绝大多数贷款人接着把我们刚刚归还给他们的钱又借出去了。

从那时起，其他欺诈案件陆续出现，Kiva 每次都以公开和透明的态度来处理这些事件。每一个事件都会在 Kiva 的网站上公布，任何人都能看到。例如，在最初几年，我们在科特迪瓦的一个合伙人一次贷给借款人 300 美元，但在 Kiva 网站上所列的贷款数额为 1 200 美元。在肯尼亚，Kiva 的合伙人之一，小额信贷机构的执行董事去世后，她的丈夫把资金用来偿还自己的债务。在厄瓜多尔，启动贷款数额被虚报了 30% 用来支付运作成本。

每出现一次诈骗案例，我们都要认真审视出现问题的原因。有时候，我们发现有一些基本原则被破坏，我们不得不像裁缝拆开接缝重新缝衣服那样，重新制定规则从而建立更完善的制度。但不管出现什么情况，Kiva 保证每个人，包括我们的借款人、合作伙伴、媒体，都能掌握我们的情况。我们会告诉他们出现的失误以及出现失误的原因。任何人都可以从 Kiva 的网站上看到这些欺诈事件所有的信息。

如今，Kiva 不再是那个被摩西利用的 Kiva 了。那件事情发生不久，Kiva 就开发了一个新型的五星评级系统来判断合作伙伴的风险因素。导致欺诈事件的伙伴关系都是我和马特在 Kiva 开始创建时建立起来的，那时我们没有充足的资金和时间雇审计事务所帮我们做严谨的尽职调查，现在我们停止了那些伙伴关系。当下要成为 Kiva 的合作伙伴必须经过一个严格的流程。只有那些经过长期的、周密的审查过程的合作伙伴才可以在网站上发布借款信息。Kiva 已经发展成为一个更强大、更智能化、更有弹性的平台，大大改进了发现、审核、接受、管理世界各地的合作伙伴的程序，如今诈骗事件已大幅度减少。

失误仍然时有发生。但是现在，每有失误发生，我们都以无比公开透明的态度来处理问题，并且做出必要的调整，杜绝此类情况的再次发生。

经营过程中要做到彻底的透明是很困难的，这样做会使你的机构受到各种指责，很可怕而且带有一定的风险。但以我的经验，做到公开透明不仅是处理问题的正确方式，从长远看来还是最让你和机构受益的方式。

一个机构只有诚实面对哪些措施有效哪些措施无效，才能得到真正的发展。透明的态度能够吸引人们的关注，这让他们觉得自己身在其中，和你有共同的体验。人们并不是期待完美，只是大多数人确实需要（也应该）彼此真诚相待。

我们都会犯错误。承认这一点，解决问题，尽你所能地确保这些错误不会在将来再次发生，然后继续前进。

寻找下一个冒险

2013 年春天，在一个拥挤的礼堂里，我站在台上面对一群最难对付的观众进行演讲。这些人不是有权有势的老总，那些大人物不会让我感觉害怕；这些人不是国际人士，面对国际人士我得等着别人翻译我的发言，那些翻译往往破坏了我讲的笑话的笑点；这些人不是知识渊博，经验更丰富也更专业的企业家。

这些都是高中生。他们不会轻易地放过我。

我是在美国马萨诸塞州一所私立寄宿学校做演讲的，我简单介绍了小额贷款、Kiva 和自己的创业经历。在接下来的问答环节，一个戴眼镜的小个子女孩站在过道的麦克风旁，说："你好。我叫苏菲，是一个高一新生。我的问题是，如果 Kiva 确实是如此伟大，你为什么不永远待在那里？"

我犹豫了一下。我的答案可以很长，也可以很短。

Kiva 创建后经历了令人难以置信的发展，但是几年后，我做了一件自己从来没有想到的事情：离开 Kiva。

开始的时候，我没有打算过离开。我想我会永远留在 Kiva。这个机构正处在极速发展的时期而且在世界各地得到认可。奥普拉的节目仅仅是个开始。CNN（美国有线电视新闻网）称赞我们"专注非营利性"。人们用"历史上增长最快的具有社会效益的网站""革命""改变世界"等字眼来称赞我们。我们得到很多正面报道，获得各种奖项和认可。

就工作而言，我感觉非常棒。但就个人生活而言，情况并非如此。工作和生活没有完美的统一。

随着 Kiva 成长和发展，我自身也有所改变。Kiva 前几年的迅速发展对我的生活产生了巨大的影响。和所有的创业人士一样，我过着非常典型的创业生活：睡眠不足，不吃早餐，缺乏锻炼，没有假期，忽略了家人和朋友们的需求。这种生活并不美妙。除此之外，我和马特的婚姻也遭遇各种挑战。

婚姻有时候是很艰难的。尤其是你和你的配偶一起管理一个在创业阶段快速发展的企业，婚姻就会变得更加艰难。你们可能把工作中的问题带回家里，而家庭问题也会影响工作。婚姻中的夫妻关系可能和企业创业时的合伙人关系发生冲突，比一般人更难保持平衡的假象。私人时间和工作时间搅和在一起。如果夫妻二人都想留在办公室一起完成一个项目，这是否算作约会之夜？如果一个人想留下来加班而另一个要离开，那又算什么？这是否意味着一个人更关心公司而另一个更在乎婚姻呢？如果每天都要做出这样的决定生活会变成什么样子，更何况连续多年都是这种状况。

在创业阶段如果夫妻中的一半感觉累了，另一半则可以缓解一些这种焦虑，承担起更多的责任，平衡一下各个方面的状况。但是如果夫妻两个人都处在疲于奔命的状态，那么两个人都不能站在更高的高度来处理问题。当你和自己的爱人一起努力，并且你们的事业正在起步，你可能会感到这个千载难逢的机会给你带来难以估量的压力。总有一天，你可能发现，抛开压力不算，你得清楚这个带来压力的千载难逢的机会是你的事业还是你的婚姻？

我知道有些婚姻关系会在共同的压力下茁壮成长，长时期共同承担压力甚至会让一些夫妻的关系更加密切。在很长一段时间里，我认为我和马特的关系可能是这样的，甚至应该就是这样的。但事实并非如此。需要明确的是，Kiva 的压力不是我和马特最终分手的原因。就像任何一对夫妻，我们有各自的优点和缺点。在这儿总结整个夫妻关系是不公平的（也不可能）。关键的问题是，最后我们的婚姻关系在这些重压之下破裂了。

既然我和马特的婚姻陷入困境，对于我来说和马特分手就意味着我要离开 Kiva。虽然我不希望这样的事情发生，但我觉得自己别无选择。我不得不考虑将最适合自己的个人生活和最适合自己的工作分离开。如果我因为自己对 Kiva 的热爱而继续维持一段不幸福的婚姻关系,那才是大错特错。如果离开 Kiva 能够解决我和马特婚姻关系中出现的问题,我会很高兴地离开 Kiva,但实际上离开根本解决不了问题。

所以我搬了出去,和马特开始分居。但是,我们仍然每天都能在办公室看到对方。我决定给彼此一些空间,于是自愿在家工作了一段时间。这个办法有利有弊。我没法每天都面对面地和团队接触。我们之间的距离越来越大,这种疏离感似乎具有传染性。我和马特不仅在感情上越来越疏远,工作上也是如此。然而,在当时看起来几乎不可能扭转我们的角色,让马特而不是我在家工作。我在家工作已经形成惯例了。我放弃了许多原本应该坚持的东西,我深感遗憾,但现在看来似乎没有回头的可能了。我意识到,裂痕是自己造成的,虽然这一开始是为了帮助我们两个人持续婚姻的临时安排,但现在已经无法弥合。

随后的几个月,由于这种疏离感越来越强,我意识到自己必须对未来做出一个明确的选择。我可以重新杀回 Kiva 并要求在办公室里做全职工作,我也可以选择离开。出于各种各样的原因,我没有再回到 Kiva 工作。当时的情况下,我和马特两个人都留在 Kiva 似乎是不可能的,而我不想像所罗门的审判那样做出任何对 Kiva 不利的举动。在那一刻,离开我和马特共同创办的 Kiva 成为爱护 Kiva 的最佳选择。

这是我做过的最艰难的选择。结束一段婚姻的同时还要离开自己亲手创办的企业,这样的感觉就像做了两次截肢手术,有些超出了我的承受能力。那些日子里,我感觉自己既是一个受害者又是一个傻瓜。我完全迷失了，无事可做，没有社会关系，没有团队可依附。有几个月的时间，我感到失落，感到孤独，感到气愤。

最后，我要感谢在自己身上所发生的一切。和原来的生活一刀两断让我有机会开始新的生活。新的生活让我恢复理智，找到自我，发现自己从未预料过的发展空间。在当时，及时地离开 Kiva 是最好的选择。

所以，当听到高一新生苏菲站在麦克风前问我为什么会离开时，我微笑着回答她："是去寻找下一次冒险的时候了。"

这是我给出的简短版本的答案，但也是较长版本答案中最核心的内容。在痛苦的转型过程中，我做出一个选择：我选择相信一定会有下一次的冒险。

农民阿巴西：驾驭风暴

卢旺达，基加利城外
──────────
2007 年

阿巴西是我在卢旺达认识的一位农民，他擅长观察天气。他是个理论上的气象学家。他详细地告诉我季节的变化以及季节变化对农作物生长周期的影响。他靠本能和直觉解释异常炎热的一天或一阵突然吹来的凉风或厚重的云层对于他的庄稼意味着什么。他知道在雨季、旱季的播种时间和收割时间。他耐心地向我解释他对付暴雨的一些办法：用一个旧油桶收集屋顶流下来的雨水，在庄稼地旁边挖沟引出秧苗地里的雨水。

然而，所有这些的知识并没有让他完全控制局势。有时候，他所能做的就是顶住所有的压力，等待，观察。平时，他总是等待合适的季节到来再播种，如果在错误的时间播种，一遇到干旱或暴雨就会损失很大。

有经验的农民不把庄稼看作是静态的景象。他们看到的是一个不断变化的、多维的景观，受太阳、光线、风雨和干旱的影响。他们动态地看待环境对庄稼的影响。这种观点让他们能够预测天气变化，保护自己免受突如其来的灾害影响，并采取积极的应对措施。

同样，聪明的创业者认识到自身不能够控制的力量，特别是那些阻碍自己进步的力量，对此他们会做出最恰当的安排。他们可以把各种不可避免的损失降到最低程度。当一场倾盆大雨即将来临时，他们总是有所准备并且先行一步。他们事先挖好引水沟，并且尽可能应对风暴带来的一切。

第十二章

东山再起

灵感再现

　　伊丽莎白·吉尔伯特的畅销书《一辈子做女孩》（原书名直译为"美食、祈祷和爱"）记述了她离婚后在世界各地旅行的故事，在我结束和马特的婚姻之前刚刚出版。很多朋友把复印件传给我，不用说，我觉得应该读一读。

　　这本书说出了我很多的感受和体会。我和马特分手不久我就离开了 Kiva。不像原来打算的那样四处旅行几个月，我决定在一个非常漂亮的地方住一段时间，住进好朋友在墨西哥的一座海边别墅。我收拾了一个装满图书和杂志的行李箱，带上冲浪板，把瑜伽垫子和几件衣服塞进冲浪板箱子。我要重新调整自己的生活，不是"美食、祈祷、爱"，而是"睡觉、冲浪、写作"。经过了几年不分昼夜的工作，我几乎没有时间反思。现在我选择除了睡觉，再就是每天花几个小时在海里冲浪和写作。（实际上，在墨西哥期间，我已经开始写作这本书了。）

　　我的心情开始平复，身体也一天天变得强壮起来，这要感谢每天几个小时的冲浪、散步、瑜伽和徒步旅行。在感情上，我觉得自己好像获得了新生。在精神上，我发现自己和上帝有了一种新的亲密关系，沐浴在爱、宽恕、平静之中，那是我以前从来没有感受到的。在职业方面，我审视自己当时的状况，我为自己的放弃感到难过。没有工作，没有前景，我甚至没有更新简历，最新的简历是从商学院毕业之前做的。但正如我以前多次领悟的那样，我知道自己的得分数不能让别人计算。我要自己决定哪些事儿对我来说最重要，并以此为基础来衡量我成功与否。我很清楚自己到底要什么，已经根据这个选择了一条路来重建我的生活。

　　我在墨西哥待了几个月后，机会来了。每天我都花几分钟的时间在网上浏览我的电子邮件，那天我发现了一封来自加思·塞隆纳的邮件，他是我最喜欢的斯坦福商学院的教授之一。我还在斯坦福商学院的时候，塞隆纳教授和他的女儿参加我组织的在乌干达的支教活动，由此成为很熟的人。当时我们在东非待了一个多星期，和十多个同学一起旅行，一起走访 Kiva 扶持的创业者，讨论小额信贷。

　　塞隆纳教授现在是商学院的院长，他发这个信息是为商学院案例写作办公室的一个全职岗位招聘工作人员。工作要求是用 10 个月时间做发展中和新兴市场上的女性创业者的案例研究。这项工作是由高盛公司的"巾帼圆梦"万名女性助学计划资助的。我可以到世界各地对创业者进行调查和采访，真是个千载难逢的好机会。

　　我立刻抓住了这个机会。一得到这个职位，我马上从墨西哥飞回来开始了新的工作。我知道，和我前面的快乐平静的生活相比，我更喜欢现在的状态：我重新进入这个领域，回到这个世界上我最喜欢的人中间，和创业者们在一起。

第二年的大部分时间，我曾与纽约商机基金、奋进公司和世界上其他的公司一起工作，这些机构对创业者进行资金扶持或资源投资（或者两者都有）。这些机构帮我确定了几十个人，作为我进行研究的候选案例。我在网上做了调查，打了一些电话，并且列出一个采访名单。然后，从墨西哥回来的几个星期后，我再一次打点行装，开始马不停蹄地到十几个不同的国家采访那些创业者。我遇到了许多真正鼓舞人心的女性，来自南非的轮椅设计者肖纳、巴西的美发巨头齐卡、约旦高科技公司的首席执行官、埃及的珠宝制造商、黎巴嫩护肤中心的老板等等。

尽管这些女士的背景、行业、文化各不相同，但是我从她们身上看到了相似之处。她们富有创造性、乐观、奋发图强、勇敢。虽然她们的成功没有统一的答案，但总的说来，她们都克服了我们能够想象到的任何困难。尽管每个人的表现方式不一样，但毋庸置疑她们的身上都闪耀着那种灿烂的创业精神。

在结束对这些女士的采访的很长时间里，我发现自己还在想着她们以及她们的生活。她们，包括前些年我通过 Kiva 和乡村企业基金认识的那些女士们，给我留下了深刻的印象。我所见到的创业者，不管是贫穷的农民还是接受过大学教育的高管，都有一种极富感染力的创业精神。她们是斗士，清楚地知道自己要追求的东西，懂得怎样克服、绕过或者翻越前进路上各种困难。在遭遇种种困难的时候，她们选择行动起来。看起来好像没有什么事儿可以打倒她们，她们代表了希望。

我比从前任何时候更想知道她们是谁。

从早在 7 年前斯坦福大学的一名临时雇员到现在，我兜了个圈回到原地。原来我认为创业者都是自私的，只知道追求金钱，而非营利组织都是圣人，只追求影响力，这种非黑即白的看法是错误的。我相信伟大的创业者都是执着、慷慨、勤奋工作的典范，他们能给世界带来巨大的推动力。

事实上，我所见到的大多数创业者都非常乐于帮助他人，甚至会全力以赴地帮助他人。他们想尽一切办法帮助人们生活得更好一些。由于自己已经选择了一条创业之路，所以她们可以更有能力对别人的生活产生积极的影响。她们选择创业之路，因为她们相信这是一条为他人服务之路。她们不断提升自己看问题的能力，能够把遇到的问题变为机遇，通过有效的方式解决问题并且为其他人创造财富。她们对财富的定义很宽泛，她们认为财富不仅仅指金钱方面的回报，更要把财富传播给尽可能多的人们——不只是对付费消费者。这类创业者经常自称为"社会企业家"，但是有时他们一点儿也不在意头衔，他们只是通过做什么和怎么做告诉大家他们是谁。

通过采访世界各地的女强人，我再次确认一点，那种创业精神不只是我生活中的一种选择，而且是唯一的选择。离开 Kiva 不表示我已经放弃成为创业者的机会，相反，我现在可以自由地重振自己的创业精神，并且可以让事业奔向新的目标。离开墨西哥那一年，我所遇到的每位创业的女性都是活生生的例子。她们可能不知道这一点，但仅仅是和我分享她们自己创业路上的故事，就已经给我的生活重新注入了活力。

ProFounder

任务结束之后，我回到斯坦福大学商学院，把案例研究终稿交给了塞隆纳主任，这也是我为"巾帼圆梦"万名女性助学计划项目工作的最后一天。

我拉着一箱子的办公用品准备离开，路上碰到了我的朋友达娜·毛列洛，她和我是商学院的校友。她问我这是干什么，我指了指箱子，告诉她今天是我在商学院工作的最后一天——并且，我说，也是我开始做别的事情的第一天，至于是什么事情，我也不知道。但是，我告诉达娜，我要组建一个团队开始做点事情。我还不确定要做什么，但是我知道自己想继续打造一个平台帮助创业者。只是这一次我要把平台建在美国，让美国的创业者得到帮助。听到我的话，达娜兴奋地点头表示同意，并且告诉我，她也非常乐意帮助创业者。事实上，过去的几个月里，她正在试运行她自己的企业，主要业务就是帮助世界各地的创业者去发现和促进时尚和美容界的流行趋势。

在接下来的一天又一天，我和达娜一直在沟通、交流。我们听到彼此一遍又一遍地问对方相同的问题：你是否愿意投资你喜欢的一个当地的小企业？你是否愿意持有朋友经营的很有前途的企业的股票？你是否愿意利用朋友和家人的资金帮助，开创自己的公司？所有的这些事情我们都想做，但是我们不知道怎么打开局面。

当时，做任何上述事情，说得再好都是开始一个混乱、尴尬并且要付出很多的过程，从坏的方面看，这样做是不可能的。因为法律限制很多人（特别是，"不富裕的"，"非公认的"投资者）在私营企业方面投资。有些州允许未经认可的数百名投资者参与投资，但有些州只允许极少数人参与投资。有些州不仅限制他们本州内的居民投资而且限制全国范围内的投资者，居住在限制较少的州的居民则必须遵守限制较多的州的规定。例如，你的未授权投资者中有1个来自康涅狄格州，另外其他有9个未经授权的投资者，这样加起来一共10个人。这10个人不全来自康涅狄格州，而是来自全国范围内。限制针对的不仅只是这一轮募集资金，还针对你的企业的整个经营时间。

所以很多企业家只是通过与朋友们及家人的交流进行黑市的、非法的、线下的资金募集，这种方式通常会不愉快地结束，投资也不会得到预期的效果。那些想要合法筹资的创业者，不得不付出一大笔费用和律师、注册会计师联系。

几个月后，我和达娜及另外一个同学，埃文·列阿斯，开始着手ProFounder的工作，并试图解决这些问题。我们希望初创企业和小企业花小成本从他们的朋友和家庭成员那里募集基金。ProFounder，作为一个营利性机构，在美国是最早尝试股权众筹的公司之一。我们可以满足用户的各种需求：他们可以利用法律指导快速简便地研究州和联邦法律对初创企业的相关要求，甚至可以在线填写必要的表格；他们可以开发一个相应的网页为企业发起筹款活动；他们可以即时通过快速问答就股东权益和收入分享等问题提交一份投资条款清单；除此之外，他们还可以管理投资者，并且和投资者进行沟通。考虑到当时集资仍然是非法的，所以本质上讲我们是为线上投资者打造了一个能够提供尽可能全面的一条龙服务的合作众筹平台。

我们花了一年的时间研究美国所有州的法律条文，并设计出网站启动和运行所需要的软件。埃文最后在网站上线前离开公司。但我和达娜选择继续做下去。在网站上线的几个月之后，我们已经帮助十几位创业者从不同的企业家那里筹集到资金，包括在火奴鲁鲁的克莱叔叔的糖果店、一家芝加哥的鞋业公司、旧金山的一家电动摩托车公司、茜茜的鲸鱼观赏和生态旅游公司、法戈的一家酿酒厂、丹佛的咖啡烘焙公司等等。

ProFounder 有了一个出人意料的良好的开端！

养鸡的农民萨拉：抓住重点

加纳，阿克拉郊外

2007 年

从斯坦福大学商学院毕业几星期之后，我遇到了萨拉。当时我刚刚获得了工商管理硕士学位，像很多其他刚毕业的工商管理硕士一样，我觉得自己知道所有的事情，或者至少知道关于商业的很多东西。

或许，通过非传统的方式成为一名工商管理硕士让我感到特别自豪。按照惯例，我不可能成为这个著名商业学院的硕士。我毕业于人文科学，而不是商业金融或会计。我的商学院申请文书是不符合要求的，对于问题"什么事情对你来说是最重要的，为什么？"我写了一首长诗，呼吁在生活中要发出自己的声音。在申请过程中，和一个商学院校友交谈时，我承认自己从来没有用过 Excel 表格，但我滔滔不绝地讲自己正在学习说斯瓦希里语。我有一大堆的非营利组织和志愿者的经历，已经有好几年在发展中国家工作的经验，一直致力于扶贫。但是和商业经历关系最密切的，就是我 12 岁的时候当过送报员，高中的时候做过两次暑期工作：一次是在家乡的小工作室做艺术指导，另一次是在一家地下餐厅做女服务员，那是一家蹩脚的家庭旅馆，大屏幕上播放着无声的过时的动画片，并且只有爆米花而不是面包。

带着这些混杂的知识和经历，我踌躇满志地走进斯坦福商学院，想在这个领域里大展身手。接着课程就开始了。

我发现会计课程对我来说尤其是一种挑战，早上 8 点开课，是 MBA 课程中最早的一门课。那个时间，很多学生刚刚醒来，我们紧紧攥着给生命增加能量的咖啡杯子穿过教室。我倒是很容易就保持清醒，因为课程经常让我感到很吃惊。第一天浏览教学大纲时，我的第一个反应就是尴尬地笑起来。这些概念都是什么意思？复式记账系统（我想重复计算应该是一件坏事！）、现金与权责发生制（人们还在用现金？）、先进先出法和后进先出法（像苏斯博士创造的角色？），还有很多其他奇怪的术语简直让我摸不着头脑。

当一切都经历过之后，我要感谢我的两个（对，是两个）会计学老师和不可思议的学习小组。经过艰苦的努力之后，我终于通过了考试。我不仅学到了重要的关键性的概念，还有一些细节内容。比如，令我非常吃惊的是，我开始相信会计是门艺术。虽然看起来好像是些简单的过程，但细微的差别比比皆是，在这个过程中还必须做出战略决策。我了解到，不管是通过资产负债表，还是随着时间推移的损益表，页面上的数字列表可以告诉你一个个企业生存中的丰富多彩的故事。我还发现财务信息能够帮我们了解一个企业的健康发展情况。最重要的是，要知道什么是你所需要核算的，并设计出最好的系统来记录所有事情。

在课程结束的时候，我学到了很多东西。在 MBA 课程结束的时候，我看到这些基本的会计原则可以应用到其他课程的各种案例中，于是学到了更多东西。拿到这个学位花了我两年的时间，当我离开斯坦福的时候，我对于会计原理及如何将其应用于各种情况已经有了相当深入的理解。

毕业几个星期后，我开始新的冒险，并在加纳遇到了萨拉。我只花了几分钟的时间就切中她的成本核算的要害。

一个小额信贷公司给萨沙提供了一小笔贷款，而该项目中的一个环节就是做调研和尽职调查。我参观了位于阿克拉郊区农村她家旁边的鸡舍，那是一个很小的建筑，闷热而且黑暗，鸡刺耳的咯咯叫声和鸡爪抓挠肮脏地面的声音不时地传出来。那个空间实在是太小了，我只能弯着腰走过去，不时地担心我的走动会引起架子上的鸡一阵慌乱。鸡突然展翅飞起来，刮起一阵风卷到我的脸上，扑腾的灰尘和羽毛钻到我的眼睛和鼻子里。参观完后，从鸡舍重新走到明媚的阳光之下，我的眼睛还在淌泪，鼻子也一直打喷嚏。然而，萨拉却兴致勃勃地骄傲地沉浸在这些小鸡给她带来的欢乐中。

萨拉把我带到了鸡舍旁边的小家。她递给我茶和水果，并示意我坐到一把绿色塑料躺椅上。虽然萨拉只有一把这样的椅子，但把它设计得很容易与其他椅子擦在一起。我坐下来的时候，椅子有点不堪重负的样子，我一转移身体重心活动一下腿时，椅子腿就开始摇摇晃晃，我只能尽可能地一动不动地坐着。

萨拉清理掉小木头桌子上的东西，腾出空间让我们喝茶，我注意到墙上的两个不同的架子，每一个架子上都放了一些茶杯。上面的架子上放了 6 个茶杯，所有茶杯都挺好看而且看起来很新，萨拉拿了两个下来，倒上了茶。低的那个架子上有 20 多个杯子，这在一些美国人看起来很正常，现在似乎流行收集咖啡杯，但二十几个杯子对于相对贫穷的人来说似乎有点太多了吧？更有甚者，下面架子上的杯子都是旧的和有缺口的，破损得挺厉害，看起来几乎是没法使用了。杯子被很奇怪地排列着——有的是一个摞在另一个里面，有的是杯口朝上放着的，其他一些是扣着放的——而上面的架子上的茶杯则完美地排成了一排。也许这些杯子有情感意义吧？也许她发现破损的杯子可以修复或转售？我在心里记下这件事儿，准备以后问她，但首先我们要谈的还是她的生意。我们的谈话好像以这样的方式进行的。

我问她："你有多少只鸡？"

萨拉回答："你看到的那些。"

我问："你对它们有什么打算？"

萨拉回答："它们长大后，到市场上把它们卖了。"

我问："你一只鸡卖多少钱呢？"

萨拉回答："这得看什么时候去市场卖，也得看我卖的是什么品种。"

我问："好，挣多少钱，才算是利润高？"

萨拉回答："我要求足够的。"

我问："什么是足够？在开始的时候，这些鸡是鸡雏的时候，你需要多少投资？"

萨拉回答："我卖了几袋玉米。"

我问："那些玉米值多少钱？"

萨拉回答："就值这些鸡雏的价钱，或许要稍微少些。"

我开始有些沮丧，她好像在回避我的问题："好，让我换另一种方式问你，自从你买了这些鸡雏，你花了多少钱喂养和照料它们呢？你认为从开始到现在在它们身上花了多少钱？"

萨拉叹了口气，看着我，看起来有些可怜。我如此不停地追问，好像让她有些难过，这么简单的事情让我理解起来是那么困难。

萨拉："每天我都花不了多少钱。"

我问："是的，但是你是怎么记录你的收入和支出的——你收进来的钱和你花出去的钱？你怎么算计收支？你做记录吗？"

萨拉有些恼火，她站起来，指着那些放在较低架子上的茶杯。

"这里。"她说，她拿起一个大杯子，插进架子下面放鸡饲料的袋子里，舀起一些饲料，又把它们倒回袋子里，然后把杯子放回到原来的位置，再把一个小的杯子放到架子边上。她停下来，回头看我是否理解，然后又把杯子放回原来的位置。

"我挪动这些杯子。杯子都在这里，我把鸡拿到市场去卖，卖了钱，再买更多的鸡食，有时我也买一些别的东西。"

萨拉不会读也不会写，当然也从来没有上过一门会计课。但是，她开发了自己的系统——一个用旧茶杯做成的算盘——来管理她的账目。她又告诉我这些杯子不仅仅是位置要紧，杯口朝下是什么意思，而杯口朝上又是什么意思。我知道在这个问题上她有些不耐烦，赶紧点点头，记了笔记，告诉她我们继续。

放下茶杯后，她带着一种骄傲的神情总结道："一直以来，我买鸡卖鸡，然后不仅能再买鸡饲料也能给家里买粮食。我的生意越来越好。"

虽然我不太确信自己是否全部掌握了萨拉茶杯系统理论的每个细节，但这个系统对她很有用。事实证明，她的生意还在一直继续。她知道怎么衡量什么对她来说是有意义的，知道怎么保持足够的利润来继续生存。她做这个生意已经好几年了，一开始她只有几只鸡雏，装在一只盒子里。显然，现在她能够平衡收支。随着时间的推移她也获得了足够的利润来慢慢地增加鸡的数量。

虽然萨拉不知道如何用我在斯坦福学到的方式来表达，但是她知道如何保持一种方式让生意更加兴隆。她创造了自己的方法来衡量收入和支出，而且她通常能够找到增加收入的办法。

实际的数字不是问题的关键，计算方法也不是最关键的，最关键的是她让生意保持收支平衡状态：收入比她支出多，消费的比挣的少。养活家人的同时慢慢地但实实在在地拓展着她的生意。这就是她的目标，而且她的小生意帮助她实现了这些。

她不懂书本上的会计学，但她很精明，想到了如何制造一个系统来帮自己计算那些对她来说是有意义的事情。她已经为自己想出办法来计算那些重要的事，忽略那些不重要的事。

第十三章

登顶不是目标

何时转身？

在 ProFounder 稳定增长的一年多的时间里，每天我们对客户都有更多的了解，同时不断地改进软件。慢慢地，我们意识到虽然我们能从技术上提供最佳方案解决自己想解决的问题，但这还不够完美，这不是我们真正想提供给客户的。比如，因为法律原因创业者不能公开提议在网上进行募捐；他们只能找到他们认识的人。他们不能通过众筹获得世界范围内对他们的资金支持。从很多方面来说，法律环境禁止我们打造一个真正开放的、协作的产品。

三年之后，我们关闭了 ProFounder。

对于 ProFounder 的关闭有两种观点。一些创业者或者密切关注众筹趋势的人，认为我们是在前线打了胜仗的先驱，但是我们获得更大成功的机会被糟糕的政府断送了。那些有这种想法的人拍着我们的后背，说："在众筹问题上你们是先锋，值得我们效仿。你们为了大家的利益牺牲了自己的利益。"他们把我们看作牺牲的成功案例。在他们眼里，我们已在法律允许的范围内走得很远，再继续的话会非常危险，但是，我们所做的这些，为他们追随我们铺平了道路。仅凭这一点，对一些争议者来说，意味着 ProFounder 已经为众筹投资赢得了一个大的胜利！

其他人认为 ProFounder 是个明显失败的例子。在他们眼里很简单明了，任何一家募集资金的公司（像我们做的），如果不能为投资者提供一种通过流动性的回购或上市的方式套现或获得经济回报，就是失败的。这一点是真的，如果成功仅仅用金钱回报来衡量的话，ProFounder 是失败的，这是真的。

但是这两种观点对我来说都是不对的，他们没有人能讲述完整的过程。我花了好几年的时间来弄清楚我们的做法是正确的，特别是在 ProFounder 关闭两年后的 2014 年的春天，我得到了一个启示。那时，我坐在哈佛大学肯尼迪学院的教室里，这是领导力执行教育课程的最后一天，我们围绕着已经多次读过的经典案例展开课堂讨论，讨论最热烈的一个案例是 1996 年珠峰灾难，8 个攀登者在灾难中丧生，几个其他攀登者被风暴困住了。这个案例成为讨论投资与收益、策略、目标设置等问题的出发点。

珠峰攀登者愿意冒这样大的风险，去实现他们的目标——登上峰顶。

难道不是吗？

我们在课堂上剖析每一个细节，阅读人们关于当时情况的记录，试图理解在相同条件下，人们面临相同的选择，为什么结果会是如此不同？有的人能活着回家，有的人却不能，这是为什么？我们提出了一个令人吃惊的假设：那些能活着回来的人知道他们的目标不是登上峰顶，而是从山上安全返回。所以即使他们离山顶还有几百码的距离，但当看到风暴来临，在情况变得更糟之前他们就转身回来，找到下山的路。这不是说他们不在意登顶，他们也非常想登上峰顶，他们花费了好几年的时间和无数的资源就是为了实现这个目标。但是他们更希望活下来，所以当条件恶化，登顶之路变得困难重重，需要付出很大代价时，他们牺牲了登顶的目标，优先考虑生存的目标。而另外一些人则相反，他们在暴风雪即将来临的时候抢先到达峰顶，但是他们永远也不能活着下山了。

我意识到，在温暖、安全的教室里对珠峰灾难几个小时的讨论并不能让我成为专家，真正地了解那天在山上发生了什么，也没有人能准确地知道在决定命运的 1996 年的登顶中，发生在每一个探险者脑子里的决策过程。但假设大家与我有深深的共鸣，我相信关闭 ProFounder 与这个案例有很多重要的相似之处。

ProFounder 的愿景是雄心勃勃的，我们选择了一个之前没有人走过的路，踏上了自己的旅程。前进的路上充满了困难和风险。ProFounder 启动后一年多的时间里，我们做得很好。我们获得了动力，也取得了进展。这看起来好像我们可能真的要建立一个庞大的、成功的企业，使得任何人都可以筹集投资资金，换句话说，看上去好像我们可以到达事业的顶峰。

然而，风暴突然来临，立法者开始注意我们在做什么，这对我们既有积极的影响也有消极的影响，ProFounder 暴露出募集投资资金的整个过程（复杂、严格、代价很高）是给人们充分的信息和知识，并让他们懂得怎样充分利用现行法律。监管者们显然不欣赏这些，我们给了人们工具，让他们小心翼翼地走在法律允许的范围边缘，我相信这些有见识的新选民吓坏了监管者，他们肯定不喜欢人们问一些无法回答的问题，或更准确地说，根本没有人能回答的问题。比如，很多州不仅限制"未经认可"的投资者的数量，也对"不成熟的"投资者能否投资进行了限制。从法律意义上说，什么是"成熟的"或"不成熟的"，这个问题没有明确的答案。根据《华尔街日报》市场观察的文章，成熟度"既是一个法律的术语也是一个日常用语，从这两个角度来说，这个词都需要进一步的解释"。没有人能通过测试并正式地成为"成熟的"投资者。但是如果你和你的公司如果被发现不是成熟的投资者，就会惹上麻烦。真是不可理解。

ProFounder 最让国家监管机构恼火的是关于募集资金，什么是私人的？什么是公共的？这两个概念之间缺乏明确清晰的界限。大公司在股票市场上发行 IPO（首次公开募股）时，他们就走向了"公共的"。这允许他们出售公司的股权从公众那儿获得新的巨大的资本资源。那么私人公司怎么办？一个小型商业公司不能成为公共大公司，并在股票市场上发行自己的股票。要想这么做，需要一个漫长的过程，代价很高，还要披露大量的信息出来。这不太适合很多小公司。所以很多小一点的公司不向公众发行股票，而是做私募。因为是私募资金，有一些和别人共享信息机会的规则，一个开始私人募集资金的创业者不能享有公开在电视商业广告领域或广告牌做广告的机会。她或多或少地仅限于从自己认识的人或原来有实质性关系的人那里寻求资金，也就是通常被称为"朋友或家人"的人那里。这里又有很多问题，Facebook（脸谱网）上的朋友算吗？Twitter（推特）的追随者，能算是"朋友"吗？还没有人能回答这些问题。

有一次，加州的企业管理局（DoC）找到我们，想了解我们定义一些条款的方式，或者说，质疑我们给客户提供所有信息（尽管不是法律意见）并让客户自己定义条款的方式。在那几个星期、几个月里，我们既难过又生气，花了大量的时间回答企业管理局关于网站运行的问题，向他们解释为什么我们自己定义我们做的事情是理所应当的。这些被正式写入备忘录，针对他们的问题提供了强有力的答案。我们做这些是为了保护自己，并抢先反击针对我们的任何行为。但是不管我们提供了多少信息，他们好像总觉得不够。

我们感到非常沮丧，不仅是因为他们缺乏相关的知识，更因为这种新的连续的对话阻碍了我们的进程。因为企业管理局像鹰一样盯着我们的每一步行动，我们再也不能像以前那样自由地反复试验，不能尝试新事物或者去做重大冒险。现在每一个决定都要有一个界定或边界，而且每一个回合都会有潜在的后果。我们与企业管理局的最新关系意味着，先斩后奏的行为不是一种明智的选择。因为现在我们与企业管理局有了更多的"协作关系"，我们如果现在或多或少地有一些稍有风险或创新的想法时，都要征求他们对事情的看法，而且要花好几个月的时间等待他们的认可。

除此之外，我们目前的产品不能满足客户最重要的需求，虽然我们知道使从朋友和家人那里募集资金的过程已经尽可能简单、直接，但还不是特别简单。对于我们来说，很明显，只有改变法律的规定，才能打造出高级产品，同时，我们的银行账户也越来越萎缩，噢，这离我生下双胞胎也只有几周的时间了。

这些因素组合起来就是我们即将来临的风暴。

我们不缺少支持。这个世界似乎真的是被集资的巨大潜力给唤醒了，而我们也有幸登上报纸。许多投资者鼓励我们继续经营下去，并且表示愿意把更多的资金投入到公司。新通过的立法揭示了制定法律条文的必要性，因为基于投资的众筹时代即将来临。但我们还是有很大的顾虑，我们不觉得展开更大的一轮业务是最负责任的事情，因为越来越多的因素涉及我们的业务，但我们无法控制。我们太熟悉监管环境了，它的变化节奏远远不如客户的需求来得快。

最重要的是就我个人而言，我知道做一对双胞胎的母亲将是我一生中最大的、最耗费精力的冒险。为迎接即将到来的两个小婴儿，我想头几个星期或头几个月我要全身心地投入到他们身上。从一开始，我就想陪着他们并且给他们所需要的一切。这是从我知道怀孕起，我就和我的投资者及团队商量好的事情。

总之，有太多的未知数。所以我和达娜决定，最负责任的做法就是停止现在所做的一切。我们把这个消息传告诉了我们的团队，开始执行关闭计划。我们停发工资，搬出办公室，卖掉家具。我们通过律师正式关闭了公司。但是，最终结束之前我们还有不少的事情要做。我们没有为未来的攀登者找到更好的路径之前，是不会往回走的。

我们重新通过日复一日的努力来支持新一轮的立法草案，即JOBS草案（乔布斯法案草案）在国会通过。这项立法允许创业者从他们希望的任何一个或很多个投资人那里筹集上百万美元，作为他们创业的启动资金。我们相信，我们在众筹方面的巨大影响使得这项立法向前推进。在某种程度上，这正是 ProFounder 的核心价值取向。达娜几次面对国会阐述众筹的前景。同时，我（怀孕期间）通过电话回答了记者的提问，并且向西海岸项目介绍JOBS法案的前景。达娜也在很多场合介绍ProFounder的愿景和取得的进步，提供了有说服力的、鼓舞人心的论据和真实的案例，讲述了创业者怎样利用群体的力量开创他的事业。我们定期向法律的制定者咨询众筹的事情，甚至在立法语言的使用上也贡献了我们的力量。

最后，由于我们的宣传和其他创业者及热心人士的参与，也得益于国会抛开意见分歧而使事情快速解决，JOBS法案终于成为法律。对于我们来说，最大的奖励就是被邀请到白宫见证了该法案的签署。

2012年5月，我和朋友及同事坐在白宫玫瑰花园的第一排，听到奥巴马总统向一小群人宣布："美国最伟大的事情之一是，我们是一个行动的民族——不只是健谈，更是实干。"他说："我们想做大事，我们愿意承担风险，我们相信一个人只要有坚实的计划并愿意努力工作，就会把最不可能的想法变成成功的事业……这是美国的承诺，这是这个国家的精神！"

总统从讲台上走到旁边一张桌子那儿，从桌子上排成一排的十几支笔中选出一支，拿起笔，微笑着，在纸上飞快地写起来，然后停下来，把笔放到原来的位置。他拿起第二支笔，在纸上写下了另一些字母，然后立刻把笔挨着第一支笔放回桌上。这样一支笔接着另一支笔，一些字母连着另一些字母，直到他的名字签在JOBS法案上，使它正式成为法律。人们站了起来，欢呼喝彩。我和达娜哭着拥抱在一起，我们非常自豪地看到这一历史事件的发生。它是一个漫长的历程。先驱者正式关闭只是几个星期之前的事情。而且我已经生下两个漂亮、健康的男婴，他们那时已经 7 个月大并在茁壮成长。世界正在我们眼前发生着变化。

我和达娜都为 ProFounder 产生的影响感到自豪，尤其这种影响波及接受我们帮助的全国的起步阶段的创业者和小企业。我们为对华盛顿的众筹法案改革产生了影响自豪。我们也为其他创业者继续我们中断的事业而欢呼。我们很欣慰因为我们的帮助开始了更广泛的对话。

我想我们的投资者即使赔了钱也仍会说他们在 ProFounder 的经验是积极的。总之，我们下了赌注，进行了一系列的试验，我们了解了以营利为目的基于投资的众筹集资这一新兴机遇。我们前期的投资伙伴会找到其他机构继续他们的投资之路，那些机构会沿着 ProFounder 的路子走下去，投资者们已经成形的见解会给投资机构提供更多的帮助。ProFounder 创造的一切将继续下去，像我们的技术、资产、专业知识已经被我们的投资者和他们的机构所应用。所有这一切表明，我们没有像希望的那样给投资者金钱上的回报。尽管 ProFounder 做了很多有益的事情，但他们冒险选到我们，我敢肯定所有的人都希望退出的时候已经获得回报。

在这天结束的时候，我知道，我们关闭 ProFounder 是对的。我见过太多的创业者不断地思考追求"顶峰"一样的目标，这个目标通常需要他们付出个人或专业上的很大代价才能获得的巨大财富。有的人这样做了，并且出现了从风暴里死里逃生的伟大故事。但是无数人因为他们的企图而玉石俱焚。他们破坏了各种关系，永远地损害了健康，浪费了数以百万计的美元，并把周围的每个人都推向了危险之地。ProFounder 的风暴是真实的，我们不得不做出选择，我们选择了回来。

卖木炭的法图马：挖出地下的钱

坦桑尼亚，多多马北部的村庄

2004 年

　　法图马想给我看看一直为木炭生意做的书面记录。她拿出一支小铅笔头用小刀削尖了，然后从十几个一堆的淡蓝色本子里抽出一个打开。这些本子看起来很正式，我读本科时常常用这种本子写期中论文。法图马指出昨天的数字，并让我看她记下今天的销售记录。

　　她让我看的精心保存的销售记录给我留下深刻的印象。我们讨论了前几个月她的生意创造的利润。我们看了一遍数字，真让人喜出望外。我们又看了一遍，因为我几乎不敢相信我所看到的：她做得很好，非常好。我确信我发现了非同寻常的法图马。她就是一个白手起家的典型，我想她会发展得越来越好。如果只需要 100 美元的资助她就可以做得这样好，谁知道将来她的事业会做得有多大！（法图马的资助来自乡村企业基金，我在 2004 年春季旅行返程时遇时到了她。）

　　法图马想要给我们泡茶。我抓紧时间浏览生活水平调查表，看看刚才说到哪儿了。所以等法图马一回来，我们就继续谈话。是的，我们现在已经在讨论她的业务收入和成本，自然，我更想知道她如何利用从生意中获得的利润。那是她工作的全部意义（不要提乡村企业基金的工作），难道不是吗？我们就是为了帮助人们创建和发展自己的事业，让事业为法图马这样的人及其家庭提供可持续的生计和更美好的未来。

那段时间，我看到相当多的企业家已经像法图马一样取得了很大的成功，他们可以列出一个长长的关于生活水平改善的清单来和我分享。带着期待，我把放在膝盖上的调查问卷表的空白页打开，这样才有足够的空间来记录法图马长长的清单。

法图马为我们准备茶的时候，我快速看了看她简单的，只有一间土屋的家。我搜寻她花钱的线索，她的房间里没发现任何引人瞩目的东西，在房间的角落里没有新自行车，没有蚊帐，也没有别的什么东西。我也扫了外面一眼，也没发现有任何新的致富的迹象。

法图马端着给我们泡的茶回到了房间，我端详着她。她穿着有洞的旧衣服，鞋子上的鞋带也很破烂。我感到非常困惑。

她倒完茶，在我对面坐了下来，我忍不住问法图马，她究竟怎么利用生意中所获得的利润？法图马从她坐着的木头椅子上站起身来，环视了一下周围，然后默默地走到房间一侧。在一个破床垫旁边，她蹲在地上对我说："都在这里。"她用手指着布满尘土的地面，想得到一个回应，但我却不明白她什么意思。

"你看，我把它放在……"经过一个戏剧性的停顿，她看着我，继续说，"世界银行！"说着，她止不住地笑起来，我也笑起来，似乎她的笑话需要不断地重复。"你看，世界银行！我的银行！"我只好随她去吧，真是搞笑。

然后，她终于止住笑声坐回椅子上，我再次开始问她，不，真的，她到底怎样消费从生意中赚到的钱？她又一次指向床垫旁边的那块地儿。

虽然她开着玩笑，但她的答案是非常严肃的。她硬是把钱埋在了地下的泥土里。

但是，法图马，我问她，这些钱你难道一点儿都没花？为什么不花呢？我需要知道。她的一日三餐和她身上穿的衣服怎么解决？此外，她还缺很多基本的用品。难道她不想买些东西来改善自己的生活？一支牙刷？一个篮子？一个灯笼？一双没有破洞的新鞋？哎呀，当她挣得越来越多，有一个手机、一辆摩托车又能花几个钱？

我列出了这些东西和其他几样东西，法图马似乎并不感兴趣。确切地说，是对挖出钱到城里去买东西没有足够的兴趣。"不，我很好。"她告诉我，她毕生的积蓄就在那里，安全地放在床边的地里让她感觉更好。"我喜欢把钱放在这里。"她告诉我。

我问到她的生意怎么样扩大？如果她想的话通过融资可能增长地更快一些。她回答："不，像这样已经很好了。"

她存钱是为了将来吗？还是为了买一个大件？"也许，但我也不知道。"

难道她不想生活过得更好一点？她的希望是什么？她对未来的渴望是什么？她生活的梦想是什么？"谁知道，"她很平淡地回答。"我没有计划，我就在这里，慢慢地过我的日子就好。"

我很羡慕那些满足于现状的人们。我为法图马想到的最后一件事儿，是让她知道自己想要的，或唤醒她内在的物质需求。但是我感到很为难，虽然当时我已经学会了不插手任何人的生活改善，但我还是感到有责任向法图马表露一些我的观点，特别是与健康有关的，也许她以前从来没有考虑过。我继续急切地说出我的不同意见，但是没有一个引起她的兴趣。

我真是百思不得其解，在我的生命里，我所遇到的每一个创业者，都有一个想过上更好生活的梦想——通常是更好的生活。他们梦想生意蓬勃发展，梦想屋顶不再漏雨，梦想拥有广袤的土地、肥美的羊群和健壮的子女。他们梦想女儿能受到教育，盛宴更加频繁；他们梦想有健康和医疗，有漂亮的衣服，能到远方去旅游；他们梦想能拥有更快的交通工具和使夜晚亮如白昼的电灯，等等。到目前为止，我从来没有遇到过，一个人似乎对她的未来没有任何梦想。

但是，法图马没做任何表示，她不想让她的生活发生变化。她好像也不是我所碰到的生活最幸福的人。在某种意义上，她承认她的生活很特别，一路走来，她已经接受了对生活的特别叙述：就是这样的。很显然，管理一个成功的微型企业并没有改变她对这些的看法。她对事情变得越来越好没有兴趣，至少不能冒险失去安全感，她觉得睡在埋在地下的宝藏的旁边更安心。

我没有与法图马一直保持联系，所以我不知道我跟她说了那些话后她做了什么，或者她会不会因为我的建议改善自己的健康或让自己生活得舒服些。但是我一直想着她，一直非常牵挂着她。我想是什么阻止了她的梦想，是害怕吗，还是勇气，还是勇气后面的欲望？如果法图马自己不渴望任何东西，她会因为自满而不去冒任何的险，也无须拿出勇气做点事情。她有了她想要的一切：她一直是过着这样的生活，并且她现在又有了一些埋在地下的钱。如果她在此之外不渴望任何别的东西，也就没有失望的可能性。

　　我愿意相信内在的东西，法图马曾经想得到更多的东西。不知何故，我希望，在我遇到她十几年之前，她已经在挖掘那些欲望并追求他们。我希望她不断前进，而不会出于恐惧而退缩。我希望她为自己未来的美好生活下个赌注，我希望她学会梦想，并选择追随那些梦想。

第十四章

希望之路

投资你的日子

我佩服法图马的原因有很多，她的故事不仅激励我，更是一个能够让人清醒的提示。客观地说，她的投资已经取得了成功，并已获得了相应的财富，但她一直保留着自己原来的生活方式。

她没有利用自己的成功改变什么。

法图马似乎把积蓄带来的安全感看得高于一切。在此之前她曾一直过着勉强糊口的日子。因此，她总是为了防备不时之需而准备一些应急的钱是可以理解的。她希望一旦发生什么不测，这些积蓄能够让自己有个缓冲的机会。现在法图马攒的钱已经很多了，但她仍然没有花钱的打算。她只是把钱堆在一旁，然后等待着什么。到底为了什么？她不知道。

我对于贫穷的定义随着时间的推移而发生变化。我曾经只是把贫穷定义为物质匮乏，例如，缺少食物、水、衣服、住房等。我觉得富有是贫穷的反义词，就是拥有这些东西。现在我明白了，这只是富有包含的一小部分。我们都是在某些方面富有，而在某些方面贫穷。有些人十分富有但他们自己并没有意识到，他们能够做很多事情，每天可以过自己想过的生活。他们仍然心有余悸或思前想后。他们是自由的，却感到压抑。贫穷不只是物质缺乏，贫穷还是一种观念，即我们不能或不应该支配已经获得的财富。

我们都有各自的体会、精神寄托和理想。我们都有隐藏在心中不愿意说出来的梦想。我们可以把有形的财产锁起来，放到隐蔽处保存起来，甚至埋在土里。我们可以让财产埋在那里，我们也可以把财产挖出来，利用它们去冒险和创造财富。我们可以不断地推动自己进行再投资，并保持蓬勃发展的状态。

我们拥有的哪种财富是最普遍的，最珍贵的，但又是不可逆转的？时间。我们每个人一天中的时间都是一样的，谁也不能制造出更多的时间来。但是，我们可以有效地利用时间。我们利用各种资源在生活的道路上前进之时，如何利用时间非常关键。

也许你听说过有关如何利用时间会更高效，更有意义，更富有成果，或者如何学习多任务处理等建议。所有这些建议都很好，但在一天结束的时候最重要的是你是否愿意把自己的时间投资在你最疯狂的梦想上。

你觉得应该怎样来度过宝贵的时间？什么是浪费时间？你的生活应该就是这些问题的答案。如果不是，很可能是因为你害怕放弃风险较小的投资。

这些风险较小的投资也会给我们一些回报，可能是稳定的工资收入，或者是安全感，或者是对财富的控制感，或者是任何其他可预期的回报。但是，如果你渴望走上创业之路实现自己的梦想，那么你就得学会孤注一掷。要继续成长，你就得做个选择：放弃那些小的、安全性高的赌注，抓住虽然没有十分把握但更有前景的机会，从而达成你更高的目标。

不要渴望有更多的时间。做出选择勇敢地生活下去。把时间和所有资源都投入到你真正在乎的东西上，同时学会放弃与此无关的部分。只有勇敢的人才能真正放开与自己事业无关的东西。希望你成为这样的人。为自己赌上一把。

自动扶梯原则

我的丈夫，雷扎，是学者、作家、企业家和教育家。人们经常找他咨询有关职业方面的问题。人们这么做是有充分理由的。雷扎自己非常成功：三十出头就成了教授，写了多本在国际上都很畅销的书，执掌两家成功的公司，担任多家非营利机构的董事，一个广受欢迎的演讲嘉宾和新闻人物。每当有人向他征求职业生涯方面的意见时，他都要毫不犹豫地提出"自动扶梯原则"。

雷扎解释说，生活中的前进就像站在下行自动扶梯上的一个人想往上走一样。您可以步行或慢跑，速度虽然不算太慢，但你几乎处于停滞状态。最有效的办法是：加快你步行的速度，跑得更快一点，但强度太大，不是每个人都能做到的。大多数人还没到达目标就已经累得筋疲力尽了。因此你要想前进必须采取有效方式，向上跳跃几步并且步伐要更坚定。看上去是有点儿危险，但只有这样你才能真正领先。大胆地跳跃吧。

雷扎认为他的一生中最光辉的时刻就是他冒最大风险的时刻。对他来说，这些跳跃意味着要冒各种不同的风险：搬迁到一个新的城市；一次又一次地换工作；从头开始创业；为了读四个学位申请数额惊人的助学贷款；面对有些机会虽然他没有完全准备好，但他还是愿意去尝试；接受各种没有太多人关注的采访或者在媒体上露面；去远方旅行。虽然他没有赢得所有的赌注，但是已经收获很多成果。如果没有这些冒险他就不会有今天的成功。正是这些冒险让他在事业上遥遥领先，甚至都超出他自己的想象。

我自己的生活经历是自动扶梯原则的最好诠释。生活中我最大的收获要归功于我做过的最冒险、最可怕也是最需要勇气的决定。我没有工作，也没有计划，却横跨整个美国来到硅谷的中心地带。我辞去在斯坦福大学的工作，到东非做项目最终促使 Kiva 的诞生。离开 Kiva，挑战自己，就当自己一无所有，发掘自己作为创业者的潜力，不再只做一种投资。通过 ProFounder 投资公司改变了集资的法律，挑战零售企业投资和筹资现状。我在完成这部作品时，开始了一次新的冒险。一如往常，开头总是有些可怕。但是，随着我征服了每一个新开端，我承受了每一次新的冒险，再往上跳一步就变得更容易了。我能够更容易地完成这些工作，随后的尝试也变得容易起来。

要实现一个大的飞跃，就要找准时机抓住机会，抛开一些羁绊。你要放弃相对安全但机会小的赌注，赌一把更大的，那么你肯定就有机会达成你更高的目标。成长是需要成本的。对于法图马来说，在她的生活中一个跳跃式前进就意味着要放弃攒钱带给她的安全感，或者是那种由于经济实力而带来的强势的感觉。对于别人来说，要放弃的则可能是时间、经济上的付出、脆弱的情感、声誉，或者别的什么东西。

如果你渴望走上创业之路实现自己的梦想，那么你就得学会孤注一掷。最后，要继续成长，你就得做一个选择：放弃那些小的、安全性高的赌注，抓住虽然没有十分把握但更有前景的机会，从而达成你更高的目标。准备好你的赌资。把你宝贵的时间，独特的才能，宝贵的财富，你所有的一切都投到你在这个世界上最关注的事情上。为你自己和你的梦想下一个大赌注。现在就下注。

开辟新的道路

几年前，我飞到迈阿密参加一个大型的半年度会议，这是某个大型的小额信贷机构主办的一次授权聚会。当我走进四季酒店会场时，突然室内空调吹到我身上一阵冷风，瞬间我的身体抽搐颤抖，牙齿开始打战。但当礼宾欢迎我时，我还是咬紧牙关，让自己挤出一丝微笑。

我借着闪亮的草写体指示和迎宾员的指引，走过宽宽的走廊。现场的钢琴音乐和欢笑声更响了，我随身携带的行李箱的轮子悄无声息地在我身后的豪华的地毯上划出两道痕迹。我笑自己当时的想法，行李箱内的衣服都是为迈阿密的天气而准备的。但一想到接下来的几天时间我得坐在这寒冷的没有窗户的会议室里开会，我真希望自己是带着手套来的（还有帽子、外套和围巾）。我绕过拐角，转了一个弯，透过开放式双扇门看到一起开会的人都在装饰豪华的大厅里呢。

男士们都穿着浅色短袖衫和卡其裤，女士们则身着短裙或太阳裙，这些都是广告上刚刚推出的度假套装。他们大多数人要么是晒得微黑，要么因为连续几天打高尔夫球或网球，或一个下午坐在游泳池边而晒出的粉红色的皮肤。几乎每个人精心护理过的手上都拿着冰的鸡尾酒或葡萄酒。对于我说，这些都是熟悉的面孔：一些董事会成员，该机构的一些工作人员，以及一些高净值捐赠者，所有的人都对这个机构有过重要贡献。我扫了一眼房间里的人，发现大部分的年度运营费都要靠在场的人的慷慨资助。我和他们不一样，我捐出的时间比金钱多。我更年轻，不过二十几岁，经验明显不足，在这样别致的酒店宴会厅有些不舒服也不习惯。但是，这类聚会除了要把人们聚在一起召开董事会之外，还要精心地给与会者讲一个特别的故事，这是一种需要也是一个机会让这个房间里慷慨付出的人们最终成为故事中的英雄。

谁也没有看见我，尽管我真诚地爱着房间里的每一个人。我又累又冷又渴。我看了看到人群，想找一条通道穿过去。我想先到吧台拿杯喝的，然后再和大家畅所欲言。瞅准一个机会，我径直走到吧台。几秒钟后，我来到堆放着熠熠发光的玻璃器皿的长桌旁，拿起一杯红葡萄酒。我如释重负地喘了口气，转身面对人群，看着面前人们友好的面孔。

首先吸引我的目光的是一张陌生的、皮肤黝黑的脸。他从大厅的另一侧盯着我，眼睛眨都不眨。

事实上，房间里还有一些陌生的面孔。似乎这些人都转向我，脸上保持着恰到好处的微笑盯着我看。我眨了眨眼，不清楚自己到底看到了什么。我踮起脚尖伸长脖子，想看清楚那个和一群人摆姿势照相的陌生人。我看到他的脸在摄影师相机的闪光灯中亮了一下。我叹了口气，把酒一饮而尽。

沿着房间的四周是创业者真人大小的硬纸板形象，每一个形象代表小额贷款机构在不同的国家的服务对象，他们分别从事不同类型的商业活动。有些形象还装饰着各种道具。在角落里是一个东非老年妇女，她面带微笑，手里拿着只鸡。在她身旁的一张粗糙的桌子上放着一个棕色的装着塑料鸡蛋的篮子和一只毛绒填充公鸡。一个身穿旧 T 恤和长裙的年轻黑人女性手里拿着粮食，旁边是一些盆栽植物。旁边的地上放着从当地杂货店买的重重的几麻袋大米。还有一个笑着的女人，抱着西红柿和洋葱，站在一些装满假的泡沫水果和蔬菜的木箱后面。一个南美的中年男子，赤脚卷着裤腿，靠在一面墙上，墙面上有六七个吊灯的开关。不过还好，他手里没有拿什么道具。

我把目光从纸板人像上挪开，走进了人群中，和身边活生生的的人交谈。这些人都是为我刚刚看到纸板人像上的那些创业者服务的。

从我在主日学校坐在油毡地板上算起，我经历了很长一个过程才真正理解什么是贫穷。可悲的是，一些讲述生活在贫穷中的那些人的故事和讲故事的思路并没有太大的改变。我试图分辨出好的和坏的，实际的和人为的，事实和戏剧化的编造。不过，他们仍然不时地找到我（就像我看到周围那些老套的纸板人像时，他们本来是希望让我感觉离真实的人们很近，但实际上我感觉不到自己是在和真实的人在打交道），而我一想到小时候人们告诉我贫穷问题永远无法解决，我就会感到困惑和焦虑。有时候，我仍然感到不知所措，不论怎么做，我和自己想服务的那些人之间仍然有很大的距离。目前仍然让世界上许多人感到困惑的是贫穷的规模很大而且形势非常严峻。

但我已经学会了如何应对这些问题。现在我知道自己永远无法远离那些让自己害怕的问题。但我已经不再把贫穷和贫穷中生活的人混为一谈。我开始问尖锐的问题，并把得到的答案作为自己的第一手资料。我知道如果自己要了解某一人群，就要去接近他们，这样才能直接从他们身上发现真相。我知道对于想做的事情无须等到他人的允许才去探索、学习或实施。虽然我的努力永远不会达到完美的结局，但我知道这始终是值得尝试的。

最重要的是，我现在绝对相信，真正的、积极的改变是可能的。人类最终会战胜贫穷。任何愿意参与其中的人都可能使世界变得更美好。即使是最"不合格"的一个人也可以在伟大的事业中贡献自己的力量，即使是最不起眼的工作也可以帮助数百万的人改善生活水平。我坚信这是真的：不顾一切地努力，我们互相之间可以产生永久的和持续的影响。

一直向前

希望本是无所谓有，无所谓无的。这正如地上的路；其实地上本没有路，走的人多了，也便成了路。

——鲁迅，中国作家

我们的未来是一个合作共赢的世界，是一个人人得益于共享的世界。我们彼此依赖。我们可以选择限制自己，并且限制对方；或者我们可以选择相信只要我们团结一致就能完成任何事情。

我们彼此的信任让我们收获很多。通过讲述自己的生活和别人的生活，我们觉得自己有能力实现真正伟大的成就。我们要合力完成这项事业，共同努力并肩走向未来。

就个人而言，要想创造美好未来，最重要的是要相信自己的潜力并且带着创业精神去生活。我的意思是要勇敢地生活。追求别人没有发现的机会和可能性。以坚定的信念促使这个世界发生积极的改变。总之，在创业路上最重要的是我们互相敬仰、鼓励、尊重和支持。我们必须相信彼此能够完成创业这项伟大的事业。我们必须保持希望。

不要过于关注不足、伤害、贫困，或者是大家都知道业已存在的缺陷。要看到潜力和可能性，要看到机会，要看到实力，要看到那些世界各地的坚强、智慧和勤奋的创业者，如凯瑟琳、布莱辛、塞缪尔、拉杰、小李等这本书中提到的那些人。当然除了他们之外，还有无数这样的人。有些人就在你身边，他们经营着小本生意，开办企业，或者在自己喜欢的行业中创造性地工作着。也许你自己就是一个创业者。找到他们，向他们学习，为他们加油打气，支持他们。

最重要的是，让他们激励你开始自己的生活。在我犹豫不决的时候，制砖人帕特里克的经历激励我开始了自己的新生活。种香蕉的农民康斯坦丝的经历激励我学会真实地面对自己。轮椅制造商肖纳激励我每一天都从细微处入手做出改进。牧羊人塞缪尔激励我看到了普通之处的不平凡。卖木炭的法图马提醒我要永远追寻自己的梦想，不要半途而废。理发师齐卡告诉我要时刻做好准备，当然了，莉拉提醒我要站起来跳舞。

我向往这些创业者的生活，我希望自己像他们一样生活。他们是我的榜样，我要像他们一样思考问题，工作，观察世界并且相信自己。他们不会受制于自己缺少的东西、未知的世界以及自己无法控制的事情。他们知道作为创业者成功不在于他们有什么，而在于他们的行为方式以及选择的道路。再次强调一下，我相信他们对于创业有自己的认识，用史蒂文森的话说就是"创业是追求机会，而不考虑控制当前的资源"。他们专注于自己的能力，保持前进的步伐，不让任何劣势、风险或困难阻碍自己前进。

和这些创业者相识是我生命中最好的礼物之一，而且还有很多人也喜欢这些创业者。他们让我相信，我可以做一个创业者。尽管我要面对恐惧，我有劣势，以及其他各种不足，但我不能被吓倒，我可以开始自己的创业工作。这是我在生活中的选择。随着时间的推移，事业的发展，我们需要重新诠释和深化创业的内涵。带着创业精神走人生之路是一个很高的标准。但是，我相信这能够发掘出自己最大的潜能。

你的未来将会是什么样子？你会怎样对待生活中出现的机会？你会专注于你没有什么东西吗？还是会选择采取行动？

请选择勇敢地走下去。带着创业精神去生活，为自己赌一把。把宝贵的时间、非凡的才能和精力用来追求自己最伟大的梦想。对自己和身边的人都满怀希望。追求梦想，相信自己的潜力，创造你理想中的未来。

世界需要你。

在过去的 15 年时间里，我很高兴能见到世界各地的几百名创业者。在这本书里我根据地理位置、生意情况、经验、教育、性别、年龄、生活状况等标准选了一些代表性人物来表现创业者的多样性。

大多数创业者就是书中描写的那样。我因为写这本书对他们进行了深入的研究，当然还有其他一些人对创业者们感兴趣，例如，肖纳·麦克唐纳和贝莱扎自然美发的创始人是我按照斯坦福商学院院长加思·塞隆纳的要求写的案例研究。我在斯坦福的工作由高盛的"巾帼圆梦"万名女性助学计划项目的资助，专注于发展中市场和新兴市场中的女性企业家的商业和管理培训。肖纳和另外的一些案例实际上比书中所写的还要普遍，大家很容易就能了解到这方面的信息。对于其他几个人，包括 Kiva 资助的创业者，出于尊重隐私，我改变了他们的名字和一些细节。

最后，像塞缪尔和拉杰等几个人的故事是根据我的记忆写的。我非常珍惜旅途中和这些不是靠笔记本和相机记录下来的交流。实际上，我觉得这些对话是最开放的、没有任何阻碍的、真正的交流。

　　我要感谢在本书写作过程中给予我支持的人，你们鼓励我，给我反馈，帮我修改，审阅书稿，允许我写出你们的故事，记录下你们说的话。没有你们我不可能完成这本书。

　　首先，感谢我的丈夫，雷扎，你是最好的写作指导。你给我信心，激励我，每天鼓励我，通过你自己的例子让我相信，我可以写一本有影响力的书。你比我更早知道这是一本什么样的书；为了让我按期交稿你承担了大部分家务；你耐心地教我在写作过程中的每一步应该怎么做；你一遍遍地审阅这本书，我都数不过来你做了多少遍烦琐的编辑工作；每次你都坚持要我讲最诚实的故事；你帮我发出最棒的看法。在这个过程中甚至我一生当中，再也找不到比你更好的合作伙伴了。谢谢你，我的爱人。

感谢我的爸爸妈妈，谢谢你们对这本书没有任何偏见的关爱。你们鼓励我坚持写作，人生的旅途中，无论是顺境还是逆境，特别是在最艰难的时候，你们始终和我站在一起。感谢你们对我无条件的爱。亚当和凯蒂，谢谢你们读了那么多遍这本书，谢谢你们在我生命中的陪伴。我爱你们。

感谢玛莉·卢索夫，在这本书还只是一个想法时，你就相信我能把它写出来。感谢塞利娜·斯皮格尔和朱莉·格劳出版这本书，感谢杰西卡·桑德勒有见地的修改，感谢斯皮格尔和格劳出版社对于我和本书的信任。

感谢斯坦福商学院的全体同事。感谢朱莉·尤尔根雇我进入商学院工作，在那里我的视野被打开，看到了能够改变世界的创业精神的力量。感谢佩吉·里德对我的指导，我们在经历了这么多风风雨雨之后成为很好的朋友。感谢尤努斯博士，你在2003年秋天的演讲改变了我的人生轨迹。感谢吉姆·帕特尔，你告诉我专业人士想做什么都会立即行动，当我2004年春天找到你征求你的建议时你毫不犹豫地回答"离开这儿！去非洲！"，你教会我用小刀和一些胶带固定物体；感谢加思·塞隆纳，让我有一年的时间接触了世界上最神奇的创业者并且受到她们极大的鼓舞，不管你知道与否，那个时候我正需要这样的激励重新开始我的创业之旅；感谢德里克·波顿，没有接受我的第一次申请（这是真心话），而是让我成为2007级的一员，这是多么完美的时机。

感谢所有那些从一开始就相信我相信Kiva的人。布莱恩·莱嫩，你给了我的第一个"重大突破"，你和你的机构从一开始就对

Kiva 的建立和运营提供了很多帮助。你是我们最好的导师和朋友之一。感谢鲍勃和多蒂·金，谢谢你们在颠簸的东非之旅中给我的建议和鼓励（回家也是一样），并且自从那时起就把我当成了你们的家人。

感谢 Kiva 初期的支持者和团队成员。感谢 Kiva 起步阶段的第一批董事会成员，尤其是雷德·霍夫曼，亚历克斯·埃德尔斯坦，塔布瑞兹·维耶，莱斯利·克拉奇菲尔德，杰夫·戴维斯。感谢朱莉·汉娜，约翰·穆勒，艾米·克莱门特和其他董事会成员，感谢你们做出的巨大贡献。感谢普莱姆，感谢你独一无二的友谊，任何情况下只有你才能真正引领 Kiva。感谢马特，你改变了我的整个生命历程。在我离开 Kiva 之前，Kiva 是我们共同的旅程，感谢它的每一步。

感谢香农，你一直和我同甘共苦，是我真正的朋友。认识你是我生命中最伟大的礼物之一。感谢切尔莎，谢谢你深沉而忠实的友情。因为 Kiva，我遇到了生命中所有美好的事物，而你是最好的之一。你总是在我最需要的时候帮助我，并且一直鼓励我做最好的自己。感谢奥兰娜和扎因，你们爱我，支持我，信任我，甚至有好几个月你们给了我家的温暖。感谢丹尼斯和史黛西·巴斯玛，你们在我最需要的时候提供住处让我写作，愈合伤口，继续梦想，多年来一直对我支持有加。非常感谢！

最后但很重要的是，感谢本书中的所有创业者以及世界各地无数的创业者，你们鼓舞了我，激励了我。我希望自己按照你们希望的那样讲述了你们的故事。